中学语文课程设计与
教学实施

郑彩霞 著

图书在版编目（CIP）数据

中学语文课程设计与教学实施 / 郑彩霞著. -- 西安：陕西人民美术出版社, 2024. 9. -- ISBN 978-7-5368-4150-5

Ⅰ. G633.302

中国国家版本馆CIP数据核字第20242WP723号

责任编辑：邢 羽
装帧设计：徽墨文化

中学语文课程设计与教学实施
ZHONGXUE YUWEN KECHENG SHEJI YU JIAOXUE SHISHI

作　　者	郑彩霞
出版发行	陕西人民美术出版社
地　　址	陕西省西安市雁塔区登高路1388号
邮政编码	710061
经　　销	新华书店
印　　刷	廊坊市文峰档案印务有限公司
规格开本	710mm×1000mm　1/16
印　　张	10.5
字　　数	200千字
版　　次	2025年5月第1版
印　　次	2025年5月第1次印刷
书　　号	ISBN 978-7-5368-4150-5
定　　价	70.00元

版权所有·请勿擅用本书制作各类出版物·违者必究

前　言

中学语文课程设计与教学实施是教育领域中一个至关重要的议题。中学语文作为一门核心课程，承载着培养学生文学素养、语言表达能力和综合思维能力的使命。中学语文课程设计和教学实施的质量直接影响着学生的语文素养水平，也对他们未来的学业和职业发展产生深远的影响。

随着社会的不断变革和科技的飞速发展，中学语文教育面临着前所未有的挑战与机遇。新一轮教育改革的深入推进，信息技术的广泛应用，以及学科知识的更新迭代，都要求我们重新审视中学语文课程的设计与实施。如何更好地适应时代发展的需要，培养学生成为具有创新精神和国际竞争力的综合型人才，成为当前教育研究的重要议题之一。

本书旨在深入探讨中学语文的课程设计与教学实施方案，通过系统性的分析和研究，寻求中学语文课程在当前教育环境下的最佳实践。本书对中学语文课程设计的理论基础和实践模式进行了深度挖掘，对教学方法的创新与应用提出了独到见解，并对教学资源整合与开发、教学质量评估与提升等方面进行了全面考量。我们将以探讨语文课程教学设计的重要性与影响为开端，深入分析当前中学语文教育所面临的挑战与机遇，明确本书研究的目的和意义，为后续的研究提供坚实的理论基础。从中学语文的课程设置与教学理念、教学内容与方法、教学资源建设与利用、课程评估与提升、课程个性化教学实践以及课程教学实施的挑战与应对策略等几个方面展开讨论，展望中学语文课程教学的未来发展趋势，探讨新技术与教育创新对语文教学的影响，并对未来中学语文课程教学的发展策略提出建议。

通过全面而深入的研究，我们期望能够为中学语文课程设计与教学实施提供有力的理论指导和实践参考，为推动中学语文教育的质量提升做出积极的贡献。并希望通过深入研究中学语文课程，为教育领域的发展提供新的思路和方向。

目 录

第一章 中学语文课程设计的背景与意义 / 1

  第一节 语文课程教学设计的重要性与影响 / 1

  第二节 当前中学语文教育面临的挑战与机遇 / 4

  第三节 中学语文课程设计的研究目的与意义 / 6

第二章 中学语文课程设置与教学理念 / 8

  第一节 语文课程设置的理论基础与实践模式 / 8

  第二节 语文课程教学理念的演变与探索 / 19

  第三节 中学语文课程的发展趋势与前景 / 24

第三章 中学语文教学内容与方法 / 35

  第一节 语文教学内容的设计与优化 / 35

  第二节 语文教学方法的创新与应用 / 42

  第三节 多元化教学手段在语文教学中的运用 / 49

第四章 中学语文教学资源建设与利用 / 56

  第一节 语文教学资源的整合与开发 / 56

  第二节 多媒体技术在语文教学中的应用 / 66

第三节　语文教学资源的有效利用与管理　/　74

第五章　中学语文课程评估与提升　/　82

第一节　语文课程评估的指标体系与方法　/　82

第二节　学生语文素养评价与提升策略　/　90

第三节　中学语文教学质量的评估与提升　/　98

第六章　中学语文课程个性化教学实践　/　106

第一节　个性化教学在语文课程中的重要性　/　106

第二节　差异化教学策略与实践　/　111

第三节　关注学生个体差异的语文课程教学设计　/　119

第七章　中学语文课程教学实施的挑战与应对策略　/　125

第一节　教学过程中的困难与挑战　/　125

第二节　教师专业素养的提升与培训　/　131

第三节　中学语文课程教学实施的应对策略与建议　/　137

第八章　中学语文课程教学的未来发展趋势　/　144

第一节　中学语文课程教学的未来发展趋势展望　/　144

第二节　信息技术与教育创新对语文教学的影响　/　146

第三节　中学语文课程教学的未来发展策略与建议　/　152

参考文献　/　158

第一章　中学语文课程设计的背景与意义

第一节　语文课程教学设计的重要性与影响

一、语文课程教学设计的理论基础

（一）教学设计的核心地位

1. 语文教学设计处于教育理论中的核心地位

语文教学设计在教育理论中占据着核心地位。作为教育体系中的基础学科，语文教学设计直接影响着其他所有学科的教学质量和效果。通过设计语文教学活动、选择语文教材和确定教学方法，语文教学设计能够有效地引导学生深入学习语文知识，激发学生对学科的学习兴趣，还能够培养学生的综合素养。

语文教学设计作为教育理论的驱动力，能够将理论知识具体应用于实际语文教育中。语文教学设计在理论体系中充当桥梁和纽带的角色，将抽象的教育理念转化为切实可行的教学实践。通过深入研究语文学科的特性和学生的需求，语文教学设计能够更贴切地体现教育理论的要求，并在实际的语文教育中得到具体的实践。

2. 与学科特性和学生需求相结合的重要性

与学科特性和学生需求相结合对于语文教学设计的重要性不可忽视。语文作为一门综合性的学科，具有文学性、艺术性和表达性的特点，这决定了其教学应当更注重学生的情感体验、审美情趣和表达能力的培养。因此，语文教学设计需要紧密贴合语文学科的特性，以确保教学内容和教学方法能够在传授学科知识的同时发挥语文学科的独特魅力。

另一方面，个性化教学的基础在于将教学设计与学生的个体差异相结合。每个学生都有着不同的兴趣爱好，在学习语文学科时也都有独特的学习风格，因此，语文教学设计应充分考虑并尊重学生的个体差异。通过个性化的教学设计，使每位学生在学习语文学科时都能够得到更贴心、更有针对性的教育，进而促进其语文素养的全面提升。个性化教学不仅关注学科知识的传授，更注重培养学生的学习兴趣、创造力和批判性思维，使其能够在语文学科学习中获得全面发展。

（二）认知理论与语文教学设计

1. 认知理论对语文教学设计的启示

认知理论对语文教学设计产生了深远的启示，首先体现在对学习过程的深刻理解。认知理论强调学生在学习过程中的主动性，即个体在接受信息、处理信息和应用信息时起着积极的作用。这表明语文教学设计应当关注学生的认知过程，从而更好地促使他们参与学科学习。通过深刻理解学生的学习行为和思维方式，教学设计能够更贴合学生的认知需求，提供更具启发性和亲和力的教学内容，使学生更愿意投入学习过程中。

其次，认知理论为教学方法的优化提供了理论依据。基于认知理论的教学设计不仅关注学科知识的传授，更注重学生对所学知识的处理和应用。语文教学设计通过更精准地选择和优化教学方法，使其更符合学生的认知特点，能够提高学生对知识的吸收和运用效果。例如，结合认知理论，语文教学设计可以引入多元化的学习资源和教学活动，激发学生的活跃思维，培养他们在语文学科中的独立思考和创造性表达能力。

认知理论还为优化教学方法提供了指导。通过充分应用认知理论的原理，语文教学设计能够更好地满足学生的认知需求，促进学生在语文学科中更有效地学习。这种以学生为中心、注重个体认知过程的教学设计，将为语文教育提供更为科学、个性化的指导，使学生在语文学科中能够取得更加显著的学习成果。

2. 教学设计如何促进学生的认知发展

教学设计在促进学生认知发展方面发挥着至关重要的作用。首先，激发学生的学习兴趣与积极性是教学设计的一个重要目标。通过巧妙设计教学内容，引入具有挑战性和启发性的学科内容，语文教学设计能够激发学生对语文学科的浓厚兴趣。这种兴趣能够促使学生更加主动地参与学科学习，使学习过程不再仅仅是履行任务，而成为一种积极投入的行为。通过提升学生对学科的学习兴趣，教学设计能够更好地引导学生主动参与认知过程，促进其认知水平的不断提高。

其次，教学设计应注重培养学生的多种思维模式，包括批判性思维、创造性思维以及解决问题的能力等。在语文学科中，培养学生对文本的深刻理解并进行批判性思考，最终形成自己的独立见解是至关重要的。通过针对性的教学设计，如提出具有启发性的问题、组织开放性的讨论活动，能够引导学生进行深度思考，拓展他们的认知边界。注重思维技能的培养不仅有助于学生更灵活地应对各类知识和问题，也为其在语文学科中培养终身学习的能力奠定了基础。

总体而言，通过激发学生的学习兴趣与积极性，注重培养学生的多种思维模式，教学设计能够促进学生认知水平的发展。认知水平的提高不仅能帮助学生更好地获取知识，更有助于培养学生在学科学习中思考、分析和解决问题的能力。因此，教学设计的重点在于其既考虑学科知识的传递，又关注学生在认知过程中全面的、深层次的发展，从而真正实现学生对知识的理解与应用。

二、语文课程教学设计的影响

（一）学生学习成绩的提升

1. 良好的语文教学设计能够提升学生的学习成绩

良好的语文教学设计直接关系到学生学习成绩的提升。通过合理设置教学目标和任务，教学设计能够明确学生需要达到的学科标准，从而使学生的学习更具有针对性。这有助于学生在学科学习中明确自己的发展方向，提高学习的效果和效率。

精心设计的教学内容能够激发学生对于学科的学习兴趣。通过引入生动有趣的文学作品、具有启发性的知识，语文教学设计可以使语文学科的内容更加吸引学生的注意力，激发他们的浓厚兴趣，从而提高学生的语文学习动力。

2. 教学设计对学习成绩的长期影响

良好的语文教学设计对学生学习成绩的影响是长期的。通过系统性的语文教学设计，学生能够逐渐建立起对语文学科的全面认知和深层理解，形成扎实的基础知识体系。这使得学生在语文学科学习的过程中能够更好地适应各种考核形式，更容易在长期的学业发展中保持较高的学科竞争力。

（二）学生综合素养的培养

1. 语文教学设计能够培养学生的综合素养

语文教学设计不仅关注学科知识的传递，更注重学生综合素养的培养。通过设计多样化的学科活动和教学任务，锻炼学生的沟通能力、团队协作精神和创新意识。这使得学生能够在语文学科中培养综合素养，更好地应对社会和未来职场的挑战。

2. 通过教学设计培养学生的创造性思维和批判性思维

语文教学设计应当注重培养学生的创造性思维和批判性思维。通过引导学生分析文本、思考问题、表达观点，语文教学设计能够激发学生的创造性思维，培养其在解决问题时的灵活性和创新性。同时，通过对文本的深度解读和思考，语文教学设计还能培养学生的批判性思维，使其能够更理性、更全面地应对语文学科中的遇见的各类问题。

第二节 当前中学语文教育面临的挑战与机遇

一、当前中学语文教育面临的挑战

（一）信息时代的挑战

1. 信息时代对语文课程的冲击

信息时代对传统语文教育提出了前所未有的挑战。爆炸式的信息涌入，使学生面临着从依靠传统文本获取信息到依靠多媒体、互联网等多种渠道获取信息的转变。这要求语文教育不仅关注语言文字的传统教学，还需要培养学生获取、分析和评估多元信息的能力。

2. 如何应对信息时代的挑战，使语文教育更有针对性

为应对信息时代的挑战，语文教育需要更有针对性地调整教学策略。首先，教育者需要培养学生的信息素养，使其具备筛选信息、辨别信息真伪的能力。其次，教学内容需要更紧密结合当代社会需求，如引入实际案例、运用新媒体技术等，使学生能够更好地理解和运用语文知识。同时，培养学生的创造性思维，使其能在信息时代更好地应对未知问题。

（二）学科整合的挑战

1. 学科整合带来的挑战

学科整合挑战了传统学科的界限。语文教育需要在保持语文学科独特性的同时更好地融入其他学科的教学内容，以适应培养学生综合素养的需求。

2. 如何在语文教育中更好地整合其他学科知识

为更好地在语文教育中整合其他学科知识，语文教育可以采取多样的教学策略。首先，设计跨学科项目，将语文与科学、历史等学科有机结合，使学生在语

文学科的学习中同时掌握其他学科的知识。其次，鼓励跨学科合作，语文教师应积极与其他学科教师进行紧密合作，共同制订整合课程，促进学科之间的有机融合。同时，要强调跨学科知识的综合运用，培养学生在解决实际问题时能够综合运用各学科知识的能力。

二、当前中学语文教育面临的机遇

（一）数字技术与语文教育的融合

1. 数字技术发展对语文教育的积极影响

数字技术的迅猛发展为语文教育带来了新的机遇。数字化和多媒体技术的应用丰富了语文教学资源，使得教学内容更生动、更具吸引力。通过引入图像、音频、视频等多种元素，语文教育能够更好地激发学生的学习兴趣，提高他们对语文学科的关注度。

2. 如何充分利用数字技术提高语文课程的吸引力

数字技术能够提高语文课程的吸引力。通过建设在线教育平台，能够为学生提供丰富多样的在线学习资源，使学生能够随时随地获取语文知识。而借助VR（虚拟现实）和AR（增强现实）技术，则可以为学生创造沉浸式的语文学习体验，使学生深度参与到学科学习中。同时，通过AI（人工智能）技术，能够实现个性化的学习推荐和反馈，帮助学生更有针对性地提升语文水平。

（二）个性化教育

1. 个性化教育对语文教学的积极影响

个性化教育模式为语文教育带来了新的机遇。个性化教育强调关注学生个体差异，使每位学生都能够在语文学科中发挥自身优势、弥补个体不足。这有助于提高学生对语文学科的自信心，并培养其自主学习的能力。

2. 个性化教育模式如何更好地适应学生个体差异

为更好地适应学生个体差异，语文教育可以采用差异化教学策略。首先，设计多样化的学习任务和评价方式，以满足不同学生对于学科的需求。其次，引入个性化学习计划，允许学生根据自身兴趣和能力选择学科内容，从而提高学生的学习主动性和投入度。同时，通过建立个体学习档案，教育者能够更全面地了解学生的学科发展轨迹，并为其提供更具针对性的教学指导。

第三节　中学语文课程设计的研究目的与意义

一、研究目的

（一）理论层面的目的

1. 探索语文课程教学设计的理论体系

中学语文课程设计的研究旨在深入理解语文课程教学设计的理论基础，探讨语文教学设计在教育理论体系中的位置和作用。通过对语文学科特性、学科发展趋势等方面的探讨，构建一个系统完备的语文课程教学设计理论体系。这不仅能够帮助语文教师深化对语文学科本质的认识，也能为其提供更为科学的指导框架。

2. 建立适应现代教育需求的语文教学设计模型

在理论层面，中学语文课程设计的研究旨在建立适应当代教育需求的语文教学设计模型。通过对教育理论的整合和创新，构建更加贴合信息时代、学科整合以及个性化教育等现代教育特点的语文教学设计框架。该模型不仅要考虑学科的内在逻辑结构，更要与现代教学技术和教育理念相契合，以推动语文课程在理论上取得新的突破。

（二）实践层面的目的

1. 针对实际教学问题提供解决方案

在实践层面，中学语文课程设计的研究旨在为中学语文教学中的实际问题提供切实可行的解决方案。通过深入的实地调查和案例研究，针对当前语文教学中存在的问题，提出相应的教学设计策略和方法。这有助于教育者更好地应对现实教学挑战，提高语文教学的实际效果。

2. 推动中学语文教育的发展

通过研发可操作性的教学工具、提供有效的教学办法，能够切实推动中学语文教育的发展。在更好地适应时代需求的同时，全面提升学生的语文素养。

二、研究意义

（一）学科发展的意义

1. 为中学语文课程的理论和实践发展提供新思路

中学语文课程设计的研究对中学语文课程的理论和实践发展具有深远的意义。通过深入研究中学语文课程设计的理论体系和实践模式，能够为中学语文的教学方式提供新思路和新方法。从学科特性、学科整合等多个方面入手，挖掘语文教学的内在规律，为中学语文课程的创新和发展提供理论支持。

2. 推动语文学科在现代教育体系中的不断发展

中学语文课程设计的研究有助于推动语文学科在现代教育体系中的不断发展。通过建立适应时代需求的语文教学设计模型，促使语文学科更好地与新兴技术、教育创新理念相融合，能够提升语文学科的现代性和实用性。这对于提高语文学科在整个教育体系中的地位，推动其更全面、更深入地服务学生具有重要意义。

（二）教育改革的意义

1. 对当前教育改革提供有益借鉴

语文教育的理论基础和实践模式研究为当前教育改革提供了有益借鉴。通过深入分析语文教育的问题与挑战，提出解决方案，为其他学科的教学设计和教育改革提供经验和启示。这种跨学科的借鉴与交流有助于推动整体教育体系的升级，促进教育改革的顺利推进。

2. 增进对学科教育本质的深刻理解，推动全面素质教育的实现

通过研究语文教育的理论基础和实践模式，不仅有助于提高对语文学科本质的理解，还可以为全面素质教育的实现提供借鉴。通过推进跨学科、多元化、个性化的教学设计，能够促进学生在语文学习中获得更全面的素养，为他们的全面发展奠定基础。

第二章 中学语文课程设置与教学理念

第一节 语文课程设置的理论基础与实践模式

一、语文课程设置的理论基础

（一）课程理论概述

1. 课程理论的定义与发展

课程理论是教育学中的一个重要领域，涉及如何设计、组织和实施教育课程。它研究课程的目标、内容、结构、实施方式及评价等各个方面，旨在优化教学效果，促进学生全面发展。课程理论的发展经历了多个阶段，从最初以知识传授为主，到后来注重学生全面发展，再到当今个性化教学和多元化评价体系，反映了教育理念和社会需求的不断变化。

早期的课程理论主要受到行为主义心理学的影响，强调通过系统化的知识传授来实现教育目标。这一阶段的课程设计强调学科逻辑，注重知识的系统性和结构性，代表性理论包括泰勒的目标模式和布鲁纳的结构主义课程理论。泰勒提出的课程设计模式强调明确的教育目标、选择合适的教学内容、有效的教学方法和科学的评价手段，为课程理论的发展奠定了基础。随着对学生个体差异和全面发展关注的增加，课程理论逐渐向更加多元化和人本化的方向发展。19世纪末期至20世纪中期，进步教育运动推动了课程理论的变革，强调以学生为中心，关注学生的兴趣、需求和发展潜能。这一时期的代表性理论包括杜威的经验课程理论和基于活动的课程设计，强调通过实际操作和体验来促进学生的学习和发展。进入21世纪，课程理论进一步融合了现代教育和信息技术的发展成果，注重课程的个性化、多样化和灵活性。现代课程理论强调通过整合信息技术和互联网资源，为学生提供丰富的学习资源和平台，促进他们的自主学习和个性化发展。这一阶段的代表性理论包括建构主义课程理论和基于项目学习的课程设计，强调培养学生在真实情境中的解决问题的能力和知识建构的能力。

2. 语文课程理论的独特性

语文课程理论的独特性主要体现在其综合性、文化性、工具性与人文性的统一。这种独特性决定了语文课程在教育体系中的重要地位和特殊价值。

（1）语文课程的综合性

语文课程不仅包括对语言知识和技能的学习，还涵盖了对文学作品的欣赏与理解。学生在语文课程学习中，不仅要掌握字词句的基本用法，还要能够进行阅读、写作和口语表达。通过对各种文本的学习，学生能够提高语言运用能力，增强思维的深度和广度。同时，语文课程还融合了历史、哲学、文化等多方面的知识，使学生在语文学习的过程中，能够拓展自身的知识领域，培养综合素质。

（2）语文课程的文化性

文学作品作为一种文化的载体，承载了中华民族几千年的历史和文化精华。通过语文课程，学生不仅能够学习到古今中外的经典文学作品，还能够了解不同历史时期的文化背景和社会风貌。语文课程不仅是语言的教学，更是文化的传承。通过阅读和学习经典文学作品，学生能够感受到中华文化的魅力，增强文化自信，培养爱国情怀和民族精神。

（3）语文课程具有明显的工具性

语言是人类交流的工具，语文课程的一个重要目标就是提高学生的语言表达能力。无论是日常生活中的对话交流，还是学术研究中的论文写作，语言都是不可或缺的工具。语文课程通过听、说、读、写的全面训练，能够帮助学生掌握语言的基本规则和表达技巧，提高学生的沟通能力和思维能力。这种工具性使语文课程在培养学生基本素养方面起到了基础性的作用。

（4）语文课程的人文性

语文课程注重对学生情感、态度和价值观的引导，通过对文学作品的分析和讨论，能够帮助学生理解人生的价值和意义，培养学生形成正确的世界观、人生观和价值观。在语文学习中，学生不仅是知识的接受者，更是思想的创造者。语文课程通过丰富的教学内容和多样的教学方法，能够激发学生的想象力和创造力，培养他们的批判性思维和审美情趣。

（二）教育哲学基础

1. 人文主义与语文教育

人文主义是指一种以人为中心，重视人的价值、尊严和发展的思想体系。作为教育哲学的重要组成部分，人文主义强调个体的全面发展，主张通过教育促进人的理性、情感和道德的全面和谐发展。在语文教育中，人文主义的理念尤为突出，其核心在于培养学生的语言能力、文学素养和文化理解，帮助学生形成健全的人格和丰富的精神世界。

首先，人文主义强调个体的独特性和主体性，主张教育应尊重每个学生的个性发展和自主选择。在语文教育中，这种理念体现为教学内容和方法的多样化和灵活性。语文教师在教学过程中，不仅要传授语言知识和技能，还要关注学生的兴趣、爱好和学习习惯，通过个性化的教学设计，激发学生的学习热情和创造力。例如，在阅读教学中，教师可以根据学生的兴趣选择适合的读物，并鼓励学生进行自主选择和广泛阅读，以满足不同学生的阅读需求和审美情趣。

其次，人文主义强调教育的情感和道德功能，主张通过教育培养学生的同情心、责任感和道德判断力。语文教育作为一种人文教育，其目的不仅在于传授语言知识，更在于通过语言文字培养学生的情感和道德修养。在语文课堂上，教师可以通过经典文学作品的教学，引导学生体验和理解人类的普遍情感，如爱、恨、喜、悲等，从而培养学生的同情心和共情能力。例如，在学习鲁迅的《故乡》、朱自清的《背影》、冰心的《小桔灯》等作品时，教师可以引导学生通过生动的人物形象和感人的情节，体会文章中所传达的人文情怀和社会关怀，引发学生的情感共鸣和道德思考。

再者，人文主义重视文化传承和创新，主张通过教育传承和弘扬优秀的文化传统，同时鼓励学生进行创造性思维和文化创新。语文作为文化传承的重要载体，语文课程不仅包括古代经典文学的学习，如《诗经》《论语》《红楼梦》等，还包括现当代文学作品的阅读和欣赏，如鲁迅的杂文、巴金的小说、莫言的散文等，通过对这些作品的学习，学生能够了解不同时代的文化背景和社会思潮，汲取其中的智慧，传承并发挥优秀中华文化，增强文化认同和文化自信。同时，语文教育还鼓励学生进行文学创作和语言实践，培养学生的创造性思维和表达能力，使他们能够在继承传统的基础上，进行新的文化创造。

此外，人文主义还强调教育的终身性和生活化，主张教育不仅是学校的任务，而是贯穿人的一生，渗透日常生活中的各个方面。语文教育作为一种基础教育，其影响不仅限于课堂内的学习，还应延伸到学生的日常生活中。通过语文教育，学生不仅能够掌握语言表达和交流的基本技能，还能够培养良好的阅读习惯和审美能力，形成积极的人生态度和生活方式。例如，通过课外阅读和文学欣赏，学生能够不断丰富自己的知识，拓展自己的视野，提升自己的文化素养和审美情趣；通过写作实践，学生能够培养思维能力和表达能力，提高自己的综合素质和竞争力。

人文主义作为语文教育的重要哲学基础，强调以人为本，注重个体的全面发展和人文素养的培养。在语文教育中，人文主义的理念具体体现在尊重学生个性、注重情感和道德教育、重视文化传承和创新、强调教育的终身性和生活化等方面。通过语文教育，学生不仅能够掌握语言知识和技能，还能够培养健全的人格和丰富的精神世界，成为有思想、有情感、有责任感的全面发展的人。

语文教育不仅是语言知识的传授，更是一种人文关怀和文化传承的过程。在这个过程中，教师的作用至关重要。教师不仅是知识的传授者，更是学生成长的引导者和伙伴。在语文课堂上，教师应当以人为本，关注每个学生的成长和发展，尊重学生的个性和差异，通过灵活多样的教学方法，激发学生的学习兴趣和内在动力。同时，教师还应注重自身的人文素养和教学方式，通过不断学习和反思，提高自己的专业素养和教学水平，为学生提供更高质量的教育服务。

在新时代背景下，语文教育面临着新的挑战和机遇。信息技术的发展和全球化进程的加快，使得语文教育的内容和形式也在不断丰富和拓展。教师应当与时俱进，积极探索并应用现代教育技术和方法，提高语文教学的效率和效果。同时，教师还应注重培养学生的批判性思维和创新能力，使学生能够在复杂多变的社会环境中保持独立思考和不断创新的能力，为社会的发展和进步贡献自己的智慧和力量。

2. 实用主义与语文课程

实用主义作为一种教育哲学，强调知识的实际应用和学习的实用价值，注重通过体验和实践促进学生的全面发展。在语文课程中，实用主义的理念具体体现为注重语言技能的实际应用，鼓励学生通过真实情境中的实践活动，提升语言表达和交流能力。

（1）实用主义主张学习应与生活紧密结合

语文课程作为基础教育的重要组成部分，其教学内容应贴近学生的生活实际，使学生能够在真实情境中运用所学知识。例如，教师可以通过生活化的语言训练，让学生在模拟购物、问路、看病等情境中进行对话练习，帮助他们掌握生活中常用的语言表达方式和沟通技巧。这种方式不仅提高了学生的学习兴趣和积极性，还增强了他们在现实生活中的语言应用能力。

（2）实用主义强调通过问题解决促进学习

语文教学应注重培养学生的批判性思维和解决问题的能力，引导他们在解决实际问题的过程中提升语言表达能力。例如，在阅读教学中，教师可以选择具有现实意义和思考价值的文章，鼓励学生通过讨论、辩论和写作等方式，分析文章中提出的观点，解决文章中提出的问题。这种方式不仅提高了学生的阅读理解能力，还培养了他们的逻辑思维和表达能力。

（3）实用主义重视学习过程中的主动性和互动性

语文课程应注重学生的自主学习和合作学习，通过互动和交流促进知识的内化和应用。例如，在写作教学中，教师可以组织学生进行小组讨论和合作写作，让学生在相互交流中，不断完善自己的写作思路和表达方式。通过这种方式，学生不仅能够提高写作水平，还能增强团队合作精神和沟通能力。

（4）实用主义强调学习评价的多样化和过程性

语文课程的评价不应当只关注学生的考试成绩，更应注重学生在学习过程中的表现和进步。例如，教师应当通过学生平时的课堂表现、作业完成情况、小组合作表现等多方面进行综合评价，全面评估学生的学习情况和发展需求。这种评价方式不仅能够激励学生的学习积极性，还能帮助教师及时发现并解决教学中存在的问题，优化教学效果。

3. 建构主义在语文课程中的应用

建构主义作为一种现代教育理论，强调学习者通过主动参与和探索，自主构建自己的知识体系。在语文课程中，建构主义的应用体现在注重学生的自主学习、互动交流和知识构建，强调通过丰富的学习体验和实践活动，促进学生的全面发展。

（1）建构主义强调学习的主动性和探究性

在语文教学中，教师应鼓励学生主动参与、积极思考，通过探索和实践构建自己的语言知识和表达能力。例如，在阅读教学中，教师可以设计开放性的问题和任务，引导学生通过自主阅读、思考和讨论，发现并解决问题，理解和掌握文章的主旨和内涵。通过这种方式，学生不仅能够提高阅读理解能力，还能培养自主学习能力和探究精神。

（2）建构主义注重学习过程中的互动和合作

在语文课堂上，教师应创造丰富的互动机会，通过小组讨论、角色扮演、辩论等多种形式，促进学生之间的交流和合作。

（3）建构主义强调知识的情境性和实际应用

在语文教学中，教师应通过真实情境和实际应用，引导学生将所学知识运用于生活和实践中。

（4）构建主义强调的学习评价方式与实用主义基本相同

二者都强调注重学生在学习过程中的表现和进步，而非单纯的只注重学生的考试成绩。这种评价方式能够提升学生学习的积极性，还能针对教学中存在的问题及时反馈，提高教学效果。

（三）认知心理学基础

1. 语言习得与认知发展

认知心理学基础为语言习得与认知发展提供了深刻的理论解释和启示。语言习得是指个体在与语言环境互动的过程中逐渐掌握和运用语言能力的过程，而认知发展则是指个体在认知结构、思维方式和问题解决能力上逐渐成熟和发展的过程。这两者之间存在着密切的关联并相互影响。

（1）语言习得与认知发展相互促进

认知心理学的研究表明，语言习得过程中涉及诸多认知活动，如注意、记忆、思维等。通过语言的学习和使用，个体不仅能够丰富自己的词汇量和语法知识，还能够提高自己的思维能力和解决问题的能力。例如，在学习新词汇时，个体需要通过注意力集中和记忆力训练来掌握词汇的意义和用法；在学习语法规则时，个体需要通过思维活动来理解语法结构和逻辑关系。因此，语言习得过程中的认知活动促进了个体的认知发展，提高了个体的思维能力和解决问题的能力。

（2）认知发展对语言习得起着重要作用

认知心理学认为，个体的认知发展水平决定了其对语言输入的理解和处理能力，进而影响了语言习得的效率和效果。儿童在语言习得过程中，随着认知能力的不断提高，他们对语言的理解和运用也会逐步扩展深化。例如，随着儿童认知能力的进步，他们能够逐渐理解更加复杂的语法结构和语言信息，并表达更加准确和丰富的语言内容。因此，个体的认知发展水平对于语言习得的质量和效果具有重要影响。

（3）语言习得与认知发展相互影响

语言是人类思维和交流的重要工具，语言习得过程中的语言输入和输出活动不仅促进了个体语言能力的发展，还对个体的认知结构和思维方式产生了积极的影响。通过语言的学习和使用，个体不仅能够表达自己的思想和情感，还能够思考和解决问题，提高自己的认知水平和学习能力。反之，个体的认知发展水平也会影响其对语言的理解和运用能力，进而影响语言习得的过程和效果。因此，语言习得与认知发展是一种相互促进和相互影响的关系，二者相辅相成，共同推动个体的全面发展。

2. 认知负荷理论在语文教学中的应用

认知负荷理论是由心理学家约翰·施瓦尔兹提出的一种教育理论，强调在教学设计中应减轻学习者的认知负荷，以提高学习效果。在语文教学中，认知负荷理论的应用可以帮助教师设计更加有效的教学活动，提升学生的学习体验和学习成效。

（1）认知负荷理论强调减少冗余信息

在语文教学中，教师应避免过多的教学内容和复杂的语言表达方式，以免给学生增加额外的认知负荷。教师可以通过简化语言、提炼重点、减少词汇量等方式，使教学内容更加精炼和易于理解。例如，在阅读教学中，教师可以精选适合学生水平的文本，例如选取主题突出、条理清晰、重点内容易于提炼的文本，避免选用使用过多的生僻词汇和复杂的句式的文本，以降低学生的认知负荷，提高阅读理解的效果。

（2）认知负荷理论强调提供清晰的指导和反馈

在语文教学中，教师应通过明确的指导和及时的反馈，帮助学生理清学习目标和任务，提高学习效率。教师可以在教学过程中明确学习目标和步骤，引导学生逐步完成任务，并及时给予学生反馈，帮助他们纠正错误、改进表达。例如，在写作教学中，教师可以提供明确的写作指导和范例，引导学生分析范文的优点和不足，指导他们逐步修改和完善，从而提高学生的写作质量和效率。

（3）认知负荷理论强调创设有意义的学习环境

在语文教学中，教师应创设多样化、生动有趣的学习情境，激发学生的学习兴趣，促使学生主动参与。教师可以通过故事讲解、情景模拟、游戏活动等方式，将抽象的语文知识与学生的生活和情感联系起来，使学习内容更加具有情感共鸣，从而降低学生对学习的焦虑和抵触情绪，提高学生的学习主动性和学习效果。

（4）认知负荷理论强调培养学生的自主学习能力

在语文教学中，教师应通过启发式教学和探究式学习，培养学生的批判性思维和自主学习能力。教师可以通过提出问题、引导讨论、开展研究等方式，激发学生的好奇心和探究欲望，引导他们主动探索并解决问题，提高学习的深度和广度。例如，在阅读教学中，教师可以引导学生自主选择感兴趣的阅读材料，提出问题并寻找答案，激发他们的阅读兴趣和思考能力。

（四）社会文化理论

社会文化理论认为，个体的认知和行为是在社会文化环境中形成并发展的，社会文化是个体认知和行为的重要塑造因素。

1. 社会文化理论的影响

语文课程不仅是对语言知识和技能的传授，更是文化传承的重要方式。语文教学内容应包括丰富多样的文学作品、历史文化和社会文化知识，以帮助学生理解和感悟不同文化的内涵和特点。例如，在阅读教学中，教师可以引导学生阅读不同地域、不同历史背景、不同民族文化的文学作品，让学生体验和理解不同文化的魅力和价值。语文课程不仅要培养学生的语言能力，还要培养学生的交往能力和文化适应能力。教学方法应注重学生的语言实践和社会交往，通过对话、辩论、演讲等活动，提高学生的口头表达能力和社交技能。同时，教学内容应体现多元文化的特点，尊重和包容不同文化的存在和发展，促进学生的跨文化交流和理解。例如，在写作教学中，教师可以引导学生撰写关于不同文化背景和主题的作文，鼓励他们多角度、多层次地表达自己的观点和感受。

语文课程不仅要传承和发扬传统文化，还要引导学生参与并创造当代文化，推动社会进步和发展。故而，语文课程的教学目标应注重培养学生的创新精神和社会责任感，通过文学鉴赏、写作实践等活动，激发学生的文化创造潜力和社会参与意识。例如，在文学作品鉴赏中，教师可以引导学生思考作品背后所蕴含的社会价值观和人生哲理，激发他们对社会现实的反思，引导他们积极参与社会实践，推动社会发展和进步。

2. 文化多样性与语文教育

文化多样性是指在不同地区、不同民族、不同历史背景和不同社会环境中形成的各种文化现象和文化传统。在语文教育中，应充分尊重并保护文化多样性，促进文化多样性的发展。

(1)语文教育应体现文化多样性

语文教学内容应包含不同地域、不同民族、不同历史背景和不同社会环境中形成的各种语言文字、传统文化和文学作品，以满足学生对不同文化的认知和理解需求。例如，在阅读教学中，教师可以引导学生阅读来自不同文化背景和不同民族的文学作品，让学生感受并理解不同文化的特点和魅力。

(2)语文教育应促进文化交流和融合

语文教学活动应创设多元化、开放式的学习环境，鼓励学生分享自己的文化经验和文化观念，增进彼此之间的交流。例如，在课堂上，教师可以组织学生进行家乡文化交流活动，分享自己家乡的风土人情、民俗传统和方言含义，促进学生之间的友谊和团结，增强学生的文化自信和文化认同。

(3)语文教育应培养学生的跨文化交流能力和国际视野

语文教学目标应注重培养学生的文化包容性和跨文化交流能力，引导他们主动了解并尊重不同文化的差异和共同点，增强自己的跨文化交流能力和国际竞争力。

二、语文课程设置的实践模式

(一)基础教育阶段

小学语文课程设置模式在基础教育阶段扮演着至关重要的角色，它既需要满足学生语文基础知识的系统学习，又要能够培养学生的语文基本素养和综合能力。在小学阶段的语文课程设置中，一般采用了分年级的结构，以确保语文课程能够有针对性地满足学生在不同年级对语文知识和技能的学习需求。

小学每个年级的语文课程设置都有其特点和重点。一年级通常是语文学习的入门阶段，注重学生的听说能力和基本识字能力的培养；二年级到四年级会逐步扩大语文知识面，重点培养学生的阅读能力和基本写作能力；五年级和六年级则会进一步深化语文知识，培养学生的阅读理解能力和文学鉴赏能力，为初中语文学习打下坚实基础。小学语文课程的课时安排通常是根据每周的学习时间来安排的，具体的课时安排会因地区和学校的不同而有所变化，但一般会保证每周有足够的语文学习时间，以确保学生对语文知识和技能的全面掌握和应用。

小学语文课程注重对于基础技能的培养，包括听、说、读、写等方面的训练。学生在语文课程中将学习基本的汉字认读、词语理解、语法知识等，通过课文朗读、阅读理解、写作练习等教学活动，能够提高自己的口语和文字表达能力。同时，小学语文课程也注重培养学生的核心素养，包括情感态度、文化意识、思维能力等方面。通过阅读优秀文学作品、探究语言规律、参与文学创作等活动，学生不仅能够提高语文基础技能，还能够提升综合素养，增强自己的综合能力。

（二）初中教育阶段

初中语文课程设置模式既需要继续巩固学生的语文基础知识，又要培养学生的综合能力和思维能力。在初中阶段的语文课程设置中，一般也采用了分年级的结构，以确保学生在不同年级都能够系统地学习语文知识和技能。

初中每个年级的语文课程设置都有其特点和重点。七年级通常是语文学习的巩固阶段，重点在于强化学生的基础知识和技能，包括阅读理解、写作表达等方面；八年级逐步扩大语文知识面，引导学生深入理解文学作品，培养学生的文学鉴赏能力和思辨能力；九年级则进一步深化语文知识，突出对文言文阅读和写作能力的培养，为高中语文学习打下坚实基础。

初中语文课程的内容深度随着年级的增长逐渐加深。在课程内容上，也逐步扩大了语文知识面，涵盖了现代文学、古典文学等不同类型的文学作品。同时，还加大了对语言运用、阅读理解、写作表达等方面的深度要求，引导学生深入思考、积极探索，提高他们的语文素养和综合能力。

在综合能力与学科整合方面，初中语文课程注重培养学生的综合能力，包括语言表达能力、文学鉴赏能力、思维能力等方面。通过阅读文学作品、写作实践、课堂讨论等活动，学生不仅能够提高自己的语言表达能力，还能够培养自己的文学鉴赏能力和批判思维能力，增强自己的综合素养。同时，初中语文课程也注重与其他学科的整合，从而促进学生的跨学科学习和综合发展。例如，语文课程可以与历史、地理、艺术等学科相结合，通过多学科的交叉学习，帮助学生更好地理解文学作品的背景和内涵，提高他们的跨学科综合能力。

（三）高中教育阶段

高中教育阶段的语文课程设置模式不仅需要满足学生对语文知识和技能的深入学习，还需要培养学生的批判性思维和综合能力。在高中阶段的语文课程设置中，通常会有必修课和选修课的配置，以满足学生的个性化学习需求和兴趣特点。

高中语文课程的设置模式一般分为必修课和选修课两种。必修课是指学生在高中阶段必须学习的语文课程，通常包括语文基础知识和技能的系统学习，涵盖现代文学、古典文学等不同类型的文学作品，以及语言运用、阅读理解、写作表达等方面的深度学习。选修课则是指学生在高中阶段可以根据个人兴趣和特长选择的语文课程，通常包括文学作品选读、写作实践、文化探究等不同类型的语文课程，以满足学生的个性化学习需求和兴趣特点。

高中语文课程的考试与评价体系在整个语文课程设置模式中也十分重要。高中语文课程的考试与评价体系一般包括日常测验、阶段性考试和高考等多个环节，旨在全面评价学生的语文学习水平和综合能力。日常测验主要是指课堂作业、课堂表现、小测验等形式的评价，用于日常检查学生对语文知识和技能的掌握情况。阶段性考试主要是指期中考试、期末考试等形式的评价，用于检验学生在一定时间内对于语文课程的学习成果和水平。而高考则是指普通高等学校招生全国统一考试，是衡量学生是否达到高中毕业标准的重要依据，也是学生进入大学深造的重要门槛。

三、区域与校本特色课程

（一）地方文化与课程内容的融合

区域性语文课程设置将地方文化与课程内容融合，旨在传承和弘扬当地的文化传统，培养学生对当地文化的认同感和自豪感。这种课程设置模式通常将当地的历史、地理、民俗、传统艺术等元素融入语文教学中，让学生在学习语文的同时，更深入地了解和体验当地的文化特色。例如，通过选用当地作家的作品、讲述本地的历史故事、学习本地方言或民歌等方式，让学生感受自己身处的文化环境并从中汲取文化营养，促进学生对家乡的文化认同和文化自信。

（二）校本课程开发

校本课程开发是指学校根据自身的特点和需求，自主设计和开发的课程。在语文课程方面，学校可以根据学生的兴趣特点、学习需求和学校的办学理念，设计出具有校本特色的语文课程。校本课程的设计通常要遵循以下原则：贴近学生实际、注重学科整合、重视学生参与、灵活多样、注重实效。学校可以结合学生的兴趣爱好和特长，设计丰富多彩的语文课程，提供多样化的学习体验，激发学生的学习动力和创造力。例如，学校可以通过开设课外阅读班、写作工作坊、文学沙龙等活动，为学生提供更广阔的学习空间和更丰富的学习资源，促进学生的全面发展。

（三）借鉴他国经验

不同国家的语文课程在内容设置、教学方法、评价体系等方面存在差异，可以通过比较研究，了解他国的优势和不足，借鉴他国的成功经验，优化本国的语文课程设置。例如，一些国家在语文课程设置方面注重综合素养的培养，强调学生的批判性思维、创新能力和实践能力，通过多样化的教学方法和评价方式，能够激发学生的学习兴趣和学习潜能，提高学生的综合素质和竞争力。通过借鉴其他国家和地区的优秀语文课程设置案例，可以帮助我国更好地优化语文课程设置，提高语文教育的质量和水平。例如，可以借鉴其他国家在语文课程设置方面的成功经验，引入多样化的教学内容和方法，培养学生的创新能力和综合素养，促进学生的全面发展和个性化成长。同时，也要结合我国的国情和教育实际，科学制订和完善语文课程设置，为学生提供更优质的语文教育服务。

第二节 语文课程教学理念的演变与探索

一、语文课程教学理念的历史演变

（一）中国古代的语文教育理念

中国古代的语文教育并非仅限于文字和语言的教学，而是涵盖了更广泛的内容，包括口头语和书面语，文学等，甚至与一般文化相关的内容。在古代，语文的含义极为丰富，不仅包括了汉语和汉字，还涵盖了广泛的文学内容，以及与之相关的原始文化形式，如歌谣、祝辞、神话、传说等。这些原始文化形式虽然不是通过传统的教学形式进行传播，但却在社会中广泛流传，潜移默化地影响着人类社会的思想和文化，被称为潜语文教育。

中国古代的语文教育包含了文学、历史、哲学等人文科学，以及科学、技术等自然科学。因此，古代的语文教育具有极其丰富的功能性，内容涵盖十分广泛。其中，识字教学、国学常识、读书作文、思想政治教育等内容常常被融合在一起进行教学。比如，在蒙童读《三字经》时，除了识字外，还包括对事物的认识和对世界的理解，体现了对蒙童在思想、社会、自然等方面的全面教育。

中国古代的学校教育并没有像现代新学制那样系统，教学的年限也没有严格的规定。从夏朝至清末新学制设立之前，学校的设置和教学方式经历了多次变革，例如东序、西序、左学、右学、大学、小学等。宋代的教育家朱熹提出，教育应包括小学和大学阶段，而教学内容则应涵盖孩童时期的基础教育和成童后的进阶教育。这种教育的灵活性和包容性反映了中国古代教育体系的多样性和丰富性,也体现了中国古代语文教育的多元性和广泛性。

(二)中国近代语文教育理念

中国近代语文教育的历史可以追溯到晚清时期,传统的文言文教学逐渐演变为具有现代学科性质的语文教学。语文教育研究在这一历史转变中发挥了重要作用,涉及了教学组织形式、教法学研究、教育宗旨目的、课程标准制订、教材编选原则、教师素质要求等方面,有效推进了中国语文教育从古代向近代的转变。

在晚清时期,不少语言学家和教育家开始重视传统教育经验。在国文独立设科之前,一些人对蒙学的教学方法进行了研究实践和理论总结。例如,文字学家王筠的《教童子法》便是独树一帜的一种蒙童语文教授法。

清末民初,对语文教学方法的研究被称为"教授法"。随着国外教育科学理论的引入,蒙学教授法和国文教授法的研究逐渐有了新的内容和新的气象。1896年,钟天纬在上海设立三等公学,采用从日本传入的新教授法施教,取得了显著成效。而沈颐的《论小学校之国文教授》和蒋维乔的《论小学以上教授国文》等文章,为新语文教育史开辟了新的篇章。这些文章在《教育杂志》上发表后,该杂志又陆续刊登了许多关于国文教授法的文章,中国的教育者自此开始探索新的语文教学方法。其中,作文教学及研究得到了相当的发展。1904年清政府颁布的《奏定初等小学堂章程》和《奏定高等小学堂章程》以及民国元年(1912)颁布的《小学校教则和课程表》对作文提出了改进要求,从以教师为中心到以学生为中心,从教师注入为主到学生发表为主,从改削多者到改削少者,这些改变为作文教学法的研究提供了宝贵的经验和教训。

新文化运动标志着中国现代语文教育进入了一个全新的时期。国内开始吸收国外现代课程论的理论,引进国外新兴的教育学说,国内研究者也开始广泛进行新国文教学方法的实验研究,这使得20世纪20年代的中国语文教育研究呈现出前所未有的活跃态势。在这一时期,出现了许多关于语文教学的研究文章,如刘半农的《应用文的教授》、何仲英的《白话文教授问题》以及蔡元培提出的"国语统一"的口号等,这些研究对推动国内语文教育的发展具有重要意义。教学的研究从教授法转变为教学法,强调了学习方法的重要性,体现了学科教学的科学性和民主性。此外,为了改变国文教学的落后状况,许多教育家提出了"科学化"的建议,倡议建立"科学化的国文教授法",推动了语文教育的革新。在这一时期,一些著名的语言学家如陈望道和黎锦熙等,通过科学的研究语言的规律,推动了语文教育的发展。他们提倡用新的立场、观点和方法进行语文研究,反对传统的模糊观念，推进了语文教育的科学化和现代化进程。这些科学思想为中国现代语文教育研究奠定了坚实的基础，推动了语文教育研究的健康发展。

梁启超的《中学以上作文教学法》和叶圣陶的《对小学作文教授之意见》及《作文论》等著作，标志着中国现代中小学作文教学研究进入了系统理论的新纪元。其中，梁启超的《中学以上作文教学法》前部分论述作文法，后部分论述教授法，是一部较为全面地探讨中学国文读写教学的专著，也是中国最早的研究中学作文教学法的著作之一。他将写作教学置于中心位置，全面论述了作文法和教授法，为当时的中学语文教学提供了系统的理论支持。而叶圣陶的两部作文教学著作，则以精辟的见解、缜密的论证和严谨的文字，奠定了现代作文教学的理论基础，进一步丰富了作文教学的理论体系，并在作文教学史上产生了深远影响。他的思想充满了对作文教育的深刻思考，强调作文教学的育人功能，为现代作文教学注入了新的理念和活力。

这些著作的出现，不仅为中国现代作文教学奠定了理论基础，也为后来的作文教学研究提供了宝贵的借鉴和启示。同时，梁启超和叶圣陶作为中国近代杰出的教育家，他们的作品不仅有着重要的理论价值，也在实践中为作文教学的改革和发展做出了重要贡献。他们的语文教育思想深刻影响着中国现代语文教育，对于塑造和推动中国现代语文教育事业具有重要意义。

（三）现代语文教育理念

从新中国成立至今，我国的语文教育理念经历了一系列演变和发展。语文教育的理念随着时代的变革和国家的发展逐步丰富并完善，形成了一系列具有时代特色的教育理念。

新中国成立之初，中国面临着艰巨的国家建设任务，而语文教育被视为国家建设的重要支撑。教育的主要目标是普及基础教育，提高全体人民的文化素养和识字率。这一阶段的语文教育注重推广普及，弘扬民族文化，服务社会主义建设。语文教育不仅是一种文化传承，更是一种国家意志的传达。

随着改革开放的深入，我国的语文教育理念进入了新的发展阶段。改革开放以来，中国的语文教育经历了深刻的变革和发展，形成了更加丰富成熟的教育理念。在这一时期，语文教育工作者积极投身于教学改革与研究探索，追求语文教育的规律与特点，明确了语文教育的改革方向，强调实事求是，处理好数量与质量、继承与批判、借鉴与创新的关系。这一阶段的语文教育强调实践和经验总结，并逐步认识到提高学生语文学科核心素养的重要性，通过改革教学内容和方法，积极培养学生的语言能力、思维能力和审美能力。

党的十八大以来，我国的语文教育进入了复兴时期。以习近平同志为核心的党中央高度重视教育，将教育作为实现中华民族伟大复兴的奠基工程。在这一阶段，我国的语文教育理念得到了进一步的深化和完善。在教育部修订的《普通高中语文课程标准（2017年版）》中，明确了语文课程的重要性及其立德树人的核心任务，为语文教育的发展提供了指导。同时也推动了统编语文教材的编写和使用，突出了立德树人的教育理念，贴近时代需要，注重培养学生的核心素养。这一时期的语文教育理念不仅强调语文学科本身的发展，更注重学生个体的全面发展，立德树人成为语文教育的根本任务。

二、语文课程教学理念的核心内涵

（一）以学生为中心的教学理念

以学生为中心的教学理念是指在语文教学中要将学生的学习需求和发展特点置于首要位置，通过关注学生的个性差异、兴趣爱好和学习方式，积极调动学生的学习积极性，促进其全面发展。

学生在语文学习中有着不同的学习兴趣、认知能力和学习方式，教师应根据学生的个性特点和发展需求，灵活调整教学策略，为每个学生提供个性化的教学支持。学生是语文学习的主体，应该充分尊重其主体地位，激发其学习兴趣和创造潜能，培养其自主学习能力和探究能力。语文教学应该注重培养学生对语言文字的情感体验和审美情趣，通过对优秀文学作品的欣赏和感悟，激发学生的文学情感和审美情趣。以学生为中心的教学理念旨在促进学生的全面发展，不仅要注重对学生的语文素养和学科能力的培养，还要关注学生的情感、品德、审美、思维等方面的发展。

（二）全人教育理念

全人教育理念是指在语文教育中要注重培养学生的综合素养和人格品质，促进其全面发展和个性成长。语文教育不仅要注重学生语文知识和语言技能的学习，还要培养学生的品德修养和社会责任感，实现知识、能力、品德的共同发展。全人教育理念注重培养学生的情感态度和价值观念，通过语文教育引导学生树立正确的人生观、价值观和世界观，提高他们的人文素养和社会责任感。全人教育理念强调尊重和重视学生的个性差异和创造潜能，通过多样化的教学方法和活动，激发学生的创造性思维和创新能力，培养他们的自主学习能力和创造性实践能力。全人教育理念注重学生的身心健康和全面发展，通过语文教育关注学生的心理健康和情感体验，促进他们身心和谐的全面发展。

（三）综合素质教育理念

综合素质教育理念强调培养学生全面发展所需的各种素质，包括认知素质、情感素质、社会素质和实践素质等。这种教育理念强调培养学生的综合能力和创新能力，注重学生的自主学习能力和全面发展。在语文教育中，综合素质教育理念体现在多方面，首先是注重培养学生的综合素养，这不仅要培养学生的语言能力和文学鉴赏能力，还要注重培养学生的思维能力、创新能力和实践能力。其次是注重学生的情感体验和人文关怀，通过对优秀文学作品的欣赏和感悟，培养学生的情感体验和审美情趣，提高学生的人文素养和社会责任感。此外，综合素质教育理念还注重培养学生的实践能力和社会适应能力，通过课外活动、实践等方式，促进学生的综合素质全面发展，为其未来的学习和生活奠定坚实基础。

（四）跨学科与跨文化的教育理念

跨学科与跨文化的教育理念强调通过跨学科和跨文化的学习和交流，促进学生的全面发展并拓展其国际视野。在语文教育中，跨学科教育理念体现在将语文教学与其他学科相结合，促进学科之间的交叉融合，拓展学生的学科视野和思维方式。例如，可以将语文教学与历史、地理、艺术等学科相结合，通过对文学作品的阅读和文化探究，帮助学生了解不同学科之间的关联，拓展学生的知识面，促进学生的跨学科综合能力和创新能力的培养。跨文化教育理念则强调通过跨文化交流和跨文化教育体验，促进学生的跨文化交际能力和跨文化理解能力，增强学生的国际视野和国际竞争力。在语文教育中，可以通过阅读和赏析国外优秀文学作品、学习外国语言和参与国际交流活动等方式，帮助学生了解并尊重不同国家和民族的文化差异，增进跨文化理解和交流，提高学生的国际视野。综合来看，跨学科与跨文化的教育理念为语文教育提供了新的思路和实践方法，有助于促进学生的全面发展和国际化素质的培养。

（五）终身学习理念

终身学习理念在当今社会被广泛提倡，它强调了学习不应该只是一段时间内的任务，而是一个持续的、贯穿一生的过程。终身学习理念对语文学习十分重要，同时促进了语文教育的完善与发展。

在语文教育中，激发学生对语言、文学的兴趣是至关重要的。通过让学生阅读优秀的文学作品、品味精彩的语言表达并体验引人入胜的故事情节，可以培养学生的阅读兴趣和写作热情，使他们在学习语文的过程中感受到乐趣，从而愿意持续学习、不断进步。

语文教育不仅要传授学生语言知识和文学常识，更重要的是提升学生的学习动力、培养学生自主学习的能力。通过多样化的教学方法和资源，如课堂教学、课外阅读、互联网资源等，激发学生的学习动力，提高学生自主学习的水平，促使学生成为一个持续进步的学习者。

随着社会的发展和科技的进步，知识更新的速度越来越快，个人必须不断学习新知识、掌握新技能，才能适应社会的变化和个人发展的需要。在语文教育中，不仅要传授学生传统的语文知识和文学常识，还要引导学生关注社会现实，关注时代发展，不断丰富自己的知识储备，保持与时代同步的学习态度。

学习不应该是孤立的个人行为，而应该是一个群体共同的活动。在语文教育中，学校、家庭、社会等各方应该共同努力，为学生提供良好的学习环境和学习支持。学校可以通过课程设置、教学管理等方面为学生提供丰富多样的学习资源和服务；家庭可以通过家庭教育、阅读指导等方式培养学生的学习兴趣和习惯；社会则可以通过丰富多彩的文化活动、教育培训等形式为学生提供更多的学习机会和平台。这样的学习社区可以为学生提供更广阔的学习空间和更丰富的学习资源，激发学生的学习动力和创造力，促进学生的全面发展和个性成长。

第三节　中学语文课程的发展趋势与前景

一、中学语文课程的整体发展趋势

中学语文课程作为基础教育的重要组成部分，其整体发展趋势在不断优化和调整，以不断适应社会发展、教育改革以及学生全面发展的需要。通过优化课程结构和开展多样化的选修课程，语文课程在传授知识、培养能力和开展素质教育等方面逐步实现了有机融合和全面提升。

（一）课程结构的优化

1. 基础与拓展模块并重

中学语文课程的优化首先体现在基础与拓展模块并重。这种课程结构的设计不仅注重学生对语文基础知识和技能的掌握，还强调学生对文学欣赏和专题研究的深入学习。

（1）基础模块：语文基础知识与技能

基础模块是中学语文课程的核心部分，涵盖了语文知识体系的基本内容和技能训练。具体包括语法、修辞、阅读理解、写作技巧等。基础模块旨在培养学生扎实的语文基本功，确保他们具备良好的语言运用能力和表达能力。

语法和修辞是语文基础知识的重要组成部分。通过系统的语法学习，学生能够掌握汉语的基本结构和用法，了解词汇的组成和句子的构造，从而提高语言表达的准确性和逻辑性。学习修辞则能够帮助学生理解并运用各种修辞手法，增强语言的生动性和感染力。

阅读理解和写作技巧是语文技能训练的重点。阅读理解训练包括现代文阅读和古诗文阅读，旨在培养学生的阅读能力和文本分析能力。通过阅读不同类型的文章，学生可以提高信息获取、理解和评价的能力。写作技巧训练则主要包括对记叙文、议论文、说明文等多种文体写作技巧的训练，注重培养学生的写作能力和创作能力，通过反复练习和教师指导，学生可以逐步提高写作水平和文字表达能力。

（2）拓展模块：文学欣赏与专题研究

拓展模块是对基础模块的延伸和深化，旨在提高学生的文学素养和综合能力。主要包括文学欣赏和专题研究两个方面。

文学欣赏主要包括古代文学、现代文学和当代文学的阅读与赏析。通过阅读和欣赏经典文学作品，学生可以了解文学发展的脉络，领悟文学作品的思想内涵和艺术价值。教师在讲解过程中，可以引导学生分析作品的主题、历史背景、人物形象、情节结构和语言风格等，帮助他们提高文学鉴赏能力和审美情趣。

专题研究是拓展模块的另一个重要内容，旨在培养学生的自主学习能力和研究能力。教师可以根据教学内容和学生兴趣，设置不同的专题，如唐诗宋词的研究、小说叙事技巧的探讨、戏剧文学的分析等。学生可以在教师的指导下，选择感兴趣的专题进行深入研究，并撰写研究报告或论文。通过这种方式，学生可以培养独立思考和分析问题的能力，同时增强对语文学科的兴趣。

2. 选修课程的多样化

选修课程的多样化是中学语文课程优化的另一重要体现。通过提供多种选修课程的选择，能够满足不同学生的学习兴趣和学习需求，从而实现语文课程的个性化和多样化发展。

为了满足学生的多样化需求，中学语文课程设置了丰富多样的选修课程。例如文学创作、新闻写作、影视文学、外国文学名著导读、戏剧表演与写作等。每一门选修课程都有其独特的教学内容和目标，旨在拓宽学生的知识面，激发他们的学习兴趣和创作热情。

文学创作课程旨在培养学生的写作兴趣和创作能力，通过学习文学创作的基本方法和不同文体的创作技巧，学生可以尝试进行诗歌、小说、散文等文学作品的创作，提高自己的写作水平和表达能力；新闻写作课程主要教授新闻报道的基本知识和写作技巧，包括新闻采访、新闻写作、新闻摄影等，通过实际操作和模拟训练，学生可以掌握新闻写作的基本技能，了解新闻报道的基本流程和要求；影视文学课程通过欣赏和分析经典影视作品，能够帮助学生了解影视文学的基本特点和创作规律，学生在学习过程中，可以尝试编写剧本，了解影视作品的制作过程和艺术表现手法，培养自己的影视鉴赏能力和创作能力；外国文学名著导读课程通过介绍和阅读外国经典文学作品，帮助学生了解外国文学的发展历史和主要流派，领略外国文学作品的思想内涵和艺术魅力，学生在阅读和欣赏的过程中，可以提高自己的文学鉴赏能力和跨文化理解能力；戏剧表演与写作课程通过戏剧表演和剧本写作的实践活动，能够培养学生的表演能力和创作能力，学生可以在课堂上进行戏剧表演，体验戏剧创作的乐趣，增强自信心和表达能力。

选修课程的多样化设置，旨在满足学生的不同兴趣和需求，促进学生的个性化发展。学生可以根据自己的兴趣和特长选修不同类型的语文课程，进行深入学习和探究，激发自己的学习热情和创造力。

对于文学爱好者，选修文学创作、外国文学名著导读等课程，可以帮助他们提高写作水平和文学鉴赏能力，拓宽文学视野；对于新闻爱好者，选修新闻写作课程，可以帮助他们掌握新闻报道的基本技能，培养他们的新闻敏感性和表达能力；对于影视爱好者，选修影视文学课程，可以帮助他们了解影视作品的创作过程和艺术表现手法，增强他们的影视鉴赏能力和创作能力。选修课程的多样化，满足了不同兴趣的学生的学习需求，促进了语文课程的多样化发展。通过丰富多样的选修课程，学生可以在语文学科中找到自己的兴趣和发展方向，从而提高学习的积极性和主动性，促进自己的全面发展和个性化成长。

（二）教学模式的多样化

随着教育改革的深入和信息技术的快速发展，中学语文教学模式也在不断创新。传统的课堂讲授模式正在与现代信息技术、互动式教学法和探究式学习相结合，形成了多样化的教学模式。教学模式的多样化不仅提高了教学效果，还激发了学生的学习兴趣和学习主动性。

1. 传统与现代教学手段相结合

传统的课堂讲授依然是语文教学最重要的方式，通过教师的讲解和示范，学生能够系统地掌握语文知识和技能。然而，随着信息技术的普及，现代教学手段如多媒体课件、电子白板、在线学习平台等，正在逐步融入课堂教学。通过多媒体课件展示图片、视频和音频资料，教师可以将抽象的语文知识具象化，从而增强学生的理解和记忆。例如，在讲解《红楼梦》时，教师可以通过视频片段展示小说中的重要场景和人物形象，帮助学生更好地理解作品的情节和主题。

2. 互动式教学法的应用

互动式教学法注重师生互动和学生间的互动，强调学生在学习过程中的主动参与和互动交流。通过小组讨论、角色扮演、情景模拟等互动方式，可以激发学生的学习兴趣，培养他们的思维能力和表达能力。例如，在学习《雷雨》一课时，教师可以组织学生进行剧本角色扮演，让学生在表演中体会角色的情感和内心世界，从而加深对作品的理解。此外，在线讨论平台和实时互动工具如在线投票、即时问答等，也为师生互动提供了更多便利，促进了课堂的互动和交流。

3. 探究式学习的实施

探究式学习强调学生的自主探究和自主学习，旨在培养学生的探究能力和创新思维。通过问题导向、自主探究、合作学习等方式，教师可以引导学生主动发现问题、提出问题并解决问题。例如，在学习《红楼梦》的过程中，教师可以设置一个研究性问题，如《红楼梦》中贾宝玉和林黛玉的关系发展，引导学生通过分析课文、查阅资料、合作讨论、撰写研究报告等方式，进行深入的探究和研究。探究式学习不仅提高了学生的学习积极性和主动性，还培养了他们的自主学习能力和创新思维。

4. 翻转课堂的探索

翻转课堂是近年来逐渐兴起的一种新型教学模式，它颠倒了传统的课堂教学顺序，将知识传授环节转移到课外，而将知识内化和应用环节放在课堂上。学生在课前通过观看教学视频、阅读资料等方式，自主学习新知识；在课堂上，教师通过互动讨论、问题解决、小组合作等方式，帮助学生理解和内化知识。例如，教师可以在课前制作一段关于《红楼梦》背景知识的视频，让学生在课前观看，课堂上则组织学生进行讨论和交流，解决他们在自主学习中遇到的问题。翻转课堂不仅提高了学生的自主学习能力，还增强了课堂的互动性和实效性。

（三）全面的评价体系

评价体系是教学过程的重要组成部分，科学全面的评价体系，可以有效促进教学质量的提高和学生的全面发展。传统的评价体系更侧重考试成绩，而现代评价体系则更加注重多元化和全面性，涵盖了知识、能力、素质评价等多个方面。

1. 多元化的评价方式

多元化的评价方式包括笔试、口试、作业、项目、作品展示等多种形式，旨在全面评价学生的学习成果和能力。笔试和口试是传统的评价方式，通过对学生知识掌握情况的考查，了解他们的学习效果。作业评价包括课后作业、阅读笔记、作文等，通过对作业的评价，可以了解学生的学习态度和学习过程。项目评价是指学生在教师指导下，进行自主探究，完成项目报告或作品，通过项目评价，可以全面考查学生的综合能力和创新能力。例如，在学习《三国演义》一课时，教师可以布置一个项目作业，如撰写一篇关于《三国演义》人物形象的研究报告，通过对学生项目作业的评价，能够了解他们的研究能力和写作水平。

2. 过程性评价与终结性评价相结合

过程性评价与终结性评价相结合，是现代评价体系的一个重要特点。过程性评价注重学生的学习过程和学习态度，通过对学生的课堂表现、作业完成情况、参与讨论等方面的评价，能够了解他们的学习态度和学习过程。终结性评价则注重学生的学习成果，通过考试、项目报告等方式，评价学生的知识掌握情况和能力水平。过程性评价与终结性评价相结合，可以全面了解学生的学习情况，促进学生的全面发展。

3. 自我评价与他人评价相结合

自我评价与他人评价相结合，是现代评价体系的另一个重要特点。自我评价是指学生对自己的学习过程和学习效果进行反思和评价，通过自我评价，可以提高学生的自我认识和自我管理能力。他人评价包括教师评价、同学评价和家长评价，通过他人评价可以全面了解学生的学习情况和综合素质。

4. 评价标准的科学性和公正性

科学、公正的评价标准是确保评价体系有效性的关键。评价标准应根据课程目标和学生的实际情况科学制订，以确保评价的客观性和公正性。例如，教师在制订评价标准时，应明确评价的具体指标和权重，如知识掌握情况、能力发展水平、学习态度和学习过程等。同时，应注重评价的客观性，避免评价过程中的主观偏见和误差，确保评价结果的准确性和公正性。

二、中学语文课程内容的发展方向

中学语文课程内容的发展方向随着全球化进程的加快和社会文化的不断发展，正朝着更加丰富、多元和创新的方向发展。多元文化与本土文化的融合成为语文课程内容发展的重要趋势。这一发展方向不仅丰富了课程内容，提高了学生的文化理解与包容，还在传承与创新本土文化方面发挥了重要作用。

（一）多元文化与本土文化的融合

1. 引入多元文化内容

在全球化背景下，引入多元文化内容已成为中学语文课程改革的重要内容。多元文化的引入不仅能使课程内容多样化，还能提高学生对文化的理解与包容，帮助他们在多元文化的环境中更好地发展。多元文化的引入可以极大地丰富语文课程的内容。通过引入不同国家和地区的文学作品、文化习俗和历史背景，学生可以获取更广阔的文化视野，了解不同文化的独特魅力。例如，在语文课程中，可以适当引入欧美经典文学作品、非洲民间故事、亚洲邻国的现代文学作品等。这些多元文化内容的引入，不仅能拓宽学生的阅读范围，还能培养他们的全球视野和跨文化理解能力。在课堂上，教师可以通过讲解和引导讨论，让学生了解不同文化的背景、传统和价值观。通过比较和分析不同文化中的文学作品，学生可以发现不同文化在表达思想和情感方面的差异与共性，从而加深对多元文化的理解和欣赏。例如，在学习莎士比亚的《哈姆雷特》时，可以将其与中国古代戏剧《窦娥冤》进行对比，探讨两者在表达悲剧主题方面的异同。这种跨文化的对比分析，不仅能提高学生的文学鉴赏能力，还能增强他们对不同文化的尊重和包容。

通过引入多元文化内容，可以帮助学生提高文化理解与包容。学生在接触和学习不同文化的过程中，能够培养对其他文化的尊重和理解，学会包容和欣赏文化的多样性，这对于他们未来在全球化社会中的发展具有重要意义。例如，在学习非洲民间故事时，教师可以引导学生了解非洲的历史和文化背景，认识非洲人民的生活方式和价值观。通过对比分析非洲民间故事与中国传统民间故事，学生可以发现不同文化在叙事方式、主题表达和人物塑造方面的异同，从而加深对非洲文化的理解和尊重。这种文化理解的培养，有助于学生在未来的生活和工作中更好地与来自不同文化背景的人进行沟通和合作。

2. 本土文化的传承与创新

在全球化进程中，对本土文化的传承和创新同样是语文课程内容发展的重要方向。通过对中华文学经典的学习，语文课程可以培养学生的文化自信和民族认同感，帮助他们在全球化背景下保持对本土文化的热爱和传承。

中华文学经典是中华民族数千年来智慧的结晶，是中华文化的重要组成部分。在语文课程中，重视中华文学经典的学习，对于传承和弘扬中华优秀传统文化具有重要意义。例如，《论语》《孟子》《红楼梦》《水浒传》等经典作品都是中华文化的瑰宝。通过系统的学习和深入的理解，学生可以感受到中华文化的博大精深和独特魅力。在教学过程中，教师可以通过诵读、讲解、讨论等多种方式，引导学生深入理解中国古代经典作品的思想内涵和艺术价值。例如，在学习《论语》时，教师可以组织学生诵读经典语句，讲解孔子的思想，感悟先人的智慧，探讨《论语》在现代社会中的现实意义。学习中华文学经典，不仅能提高学生的文化素养，还能增强他们的民族自豪感和文化自信心。

在传承中华文化的基础上创新本土文化教育的方式与内容，同样是语文课程内容发展的重要方向。通过创新教育方式和丰富教学内容，语文课程可以更好地适应现代教育的发展需求，提升学生的学习兴趣和参与度。例如，教师可以将现代信息技术与传统文化教育相结合，通过多媒体课件、在线学习平台等现代教学手段，生动展示中华传统文化的丰富内涵和独特魅力。在学习《水浒传》时，教师可以通过视频、音频、图片等多媒体资源，展示《水浒传》中的人物形象和情节场景，帮助学生更好地欣赏和理解作品的艺术价值。

此外，教师还可以通过设计丰富多彩的实践活动，增强学生对本土文化的体验和感受。例如，组织学生参观博物馆、参加传统节日活动、进行民俗文化调研等。通过亲身体验和实践活动，学生可以更加直观和深刻地了解中华文化的独特魅力和丰富内涵。这种创新的教育方式，不仅能提高学生的学习兴趣和参与度，还能增强他们对本土文化的认同和热爱。

（二）跨学科内容的融合

随着教育理念的不断发展和进步，中学语文课程不仅注重挖掘本学科的深度与广度，还越来越重视跨学科内容的融合。跨学科内容的融合，旨在打破学科界限，促进知识的整合和应用，培养学生的综合素质和创新能力。这一方向既丰富了语文课程的教学内容，也提高了学生的学习兴趣和实用技能。

1. 促进学科知识的整合与应用

跨学科内容的融合，有助于促进学生对知识的整合与应用，打破单一学科的知识界限，培养学生的综合思维和解决问题的能力。在语文课程中，教师可以通过与历史、地理、科学、艺术等学科的内容相结合，使学生在学习语文的过程中，同时掌握其他学科的知识。

历史与语文有着天然的联系，许多文学作品都是历史的记述或反映，通过语文与历史的融合，不仅能提高学生的文学鉴赏能力，还能增强学生对历史的理解和认识。例如，在学习《红楼梦》时，教师可以结合当时的历史背景，讲解小说所处的社会环境、政治背景和文化氛围，帮助学生更好地理解作品中的人物和事件。同样，在讲解《史记》时，教师可以引导学生了解司马迁的生平和创作背景，使学生在阅读文学作品的同时，掌握相关的历史知识。

地理知识在许多文学作品中也有着重要的体现，通过语文与地理的融合，学生可以在学习文学作品的过程中了解地理环境的特征和变化。例如，在学习《徐霞客游记》时，教师可以结合地理知识，讲解徐霞客所游历的山川河流等自然景观，使学生在欣赏文学作品的同时，掌握相关的地理知识。此外，在学习《边城》时，教师可以引导学生了解湘西地区的地理环境和民族文化，使他们更好地理解作品中的故事情节和人物命运。

科学与文学看似是两种截然不同的学科，但在许多文学作品中，科学知识同样发挥着重要作用。通过语文与科学的融合，学生可以在学习文学作品的过程中，了解科学原理和技术应用。例如，在学习《海底两万里》时，教师可以结合物理学、海洋学等学科知识，讲解作品中的潜艇原理，介绍海洋生物和海底地貌，使学生在阅读文学作品的同时，了解相关的科学知识。此外，在讲解《机器人总动员》时，教师可以引导学生思考 AI 和机器人技术的发展及其对社会的影响，使他们在欣赏文学作品的同时，增加对科学技术的认识和理解。

艺术与文学有着密切的联系，通过语文与艺术的融合，学生可以在学习文学作品的过程中，培养审美情趣和艺术修养。例如，在学习《三国演义》时，教师可以结合绘画、音乐、戏剧等艺术形式，讲解作品中的人物形象和情节发展，使学生在欣赏文学作品的同时，感受艺术的魅力。此外，在讲解《巴黎圣母院》时，教师可以引导学生了解哥特式建筑的特点和风格，使他们在阅读文学作品的同时，增强对建筑艺术的认识和理解。

2. 培养学生的综合素质与创新能力

跨学科内容的融合，不仅有助于学生掌握多门学科的知识，还能培养他们的综合素质与创新能力。通过跨学科的学习，学生可以综合不同学科的知识和方法并进行创新，解决实际问题，提升综合素质。

教师可以设计综合实践活动，让学生在跨学科的学习过程中，体验知识的综合应用和创新。例如，在学习《西游记》时，教师可以设计一个综合实践活动，结合文学、历史、地理、艺术等学科知识，让学生分组进行探究。学生可以通过查阅资料、制作手抄报、撰写研究报告等方式，深入了解《西游记》的创作背景、故事情节、人物形象和文化意义。通过这种综合实践活动，学生不仅能加深对文学作品的理解，还能提高自身的综合素质和创新能力。

项目式学习是一种以项目为中心的教学方式，注重学生的自主探究和实践应用。通过项目式学习，学生可以在跨学科的学习过程中解决实际问题，提升综合素质和创新能力。例如，教师可以设计一个关于"环保与文学"的项目，让学生结合语文、科学、社会学等学科知识，进行自主探究和实践活动。学生可以通过查阅资料、实地考察、撰写报告等方式，了解环保问题的现状，结合文学作品，探讨环保主题的表达方式和意义。通过这种项目式学习，学生不仅能掌握多学科的知识，还能提高自身解决实际问题的能力。

跨学科内容的融合，有助于培养学生的创新思维。通过跨学科的学习，学生可以针对不同学科的知识和方法进行综合和创新，提出新观点、新方法，解决实际问题。例如，在学习《老人与海》时，教师可以引导学生思考作品中的哲理和人生智慧，结合心理学、社会学等学科知识，探讨人的坚韧意志和自我超越。通过这种跨学科的学习，学生能够提升自身的创新思维和综合素质。

三、语文课程的社会适应性

（一）社会发展需求与课程设置

在当今社会，语文课程的设置需要与社会的发展需求相适应，以培养学生的社会适应能力并提升他们的职业素养。这种社会适应性的课程设置不仅关注学生的语文学习，更注重将语文知识与社会需求结合，使学生能够在未来的社会中更好地适应和发展。

随着社会的不断发展，对人才的要求也在不断变化。语文课程的设置应该紧密结合社会的发展需求，不断调整课程内容，培养学生适应社会发展的能力。例如，现代社会对于信息技术的需求日益增长，语文课程可以引入与信息技术相关的内容，教授学生如何利用数字网络进行信息检索、如何运用多媒体技术进行表达等，从而提升学生的数字信息素养和技术表达能力。另外，随着社会经济的快速发展，跨文化交流与合作也变得日益频繁，语文课程可以加强对多元文化的学习，培养学生的跨文化沟通能力和国际视野，以适应全球化时代的发展趋势。

除了满足社会发展的普遍需求外，语文课程还应该根据学生的个性和兴趣，设置相关的课程，帮助他们提前了解和选择未来的职业方向，培养相关的职业素养和能力。例如，对有志从事新闻传媒行业的学生，可以设置新闻写作、采访技巧等课程；对有志从事编辑出版行业的学生，可以设置文学编辑、出版流程等课程；对有志从事广告传媒行业的学生，可以设置广告文案、市场营销等课程。这些具有职业导向的课程设计，不仅能够满足学生的个性化需求，还能够提前为他们的职业发展打下基础，增强他们的竞争力和适应能力。

（二）家庭与社区的支持

家庭和社区在学生成长过程中扮演着重要角色，他们的支持对语文教育的有效实施和学生的全面发展至关重要。

加强家庭对语文教育的支持，建立良好的家校合作机制，有助营造良好的学习氛围，促进学生的语文学习。家长是学生的第一任教师，他们的参与和支持对于学生的学习起着至关重要的作用。教师可以通过家访、召开家长会等方式，与家长密切合作，了解学生在家中的学习情况和生活状况，及时沟通并解决学生在学习和生活上的问题，为学生的发展共同努力。

利用社区资源开展语文活动，能够丰富学生的学习体验，拓展他们的视野和知识面。学校可以与社区合作，利用社区图书馆、文化馆、博物馆等资源，开展课外阅读、文化体验、社区义工等语文活动，丰富学生的课外生活，激发他们对语文学习的兴趣。此外，加强社区与学校的联系，可以为学生提供更多的实践机会和社会资源，帮助他们更好地融入社会，提升综合素质。

四、语文课程的全球化视野

（一）国际教育的经验借鉴

在全球化的背景下，语文课程需要拓展其视野，吸收国际教育的先进理念和成功经验，以提高教学水平和质量，培养学生的全球化素养和竞争力。

借鉴国际教育的成功经验，可以为语文课程提供新的思路和方法。国际先进的教学理念包括启发式教学、项目化学习、跨学科教育等，这些理念强调学生的主动参与和探究式学习，有利于激发学生的学习兴趣并提高学习效果。通过借鉴这些理念，语文课程能够设计出更具启发性和趣味性的教学活动，使学生在语文学习中能够更加主动地探索和思考。

开展国际教育合作是拓展语文课程全球化视野的重要途径之一。学校可以与国际教育机构建立合作关系，开展语文教育的国际交流与合作项目。通过与国外学校的合作，可以为学生提供更广阔的学习平台和交流机会，让他们接触不同国家和地区的语言、文化和教育，增强他们的国际视野和跨文化交流能力。同时，国际教育合作也可以促进语文教师的专业发展，提升他们的教学水平和国际竞争力。

（二）培养学生的全球视野

为了适应全球化的发展趋势，语文课程应该致力于培养学生的全球视野，使他们能够更好地融入世界、理解世界、参与世界。

培养学生的跨文化交流能力是培养学生全球视野的重要途径。语文课程应该通过多元化的教学内容和教学方法，提高学生的跨文化交流能力，使他们能够理解和尊重不同文化背景的人群，积极参与国际交流与合作。例如，可以通过国际交流项目、文化交流活动等形式，让学生与来自不同国家和地区的同龄人交流互动，拓展他们的视野，增强他们的国际交流能力和跨文化沟通能力。

引入国外经典文学作品是培养学生全球视野的另一重要途径。通过学习国外经典文学作品，学生可以了解和体验不同国家和地区的文化、历史和人文精神，拓展他们的阅读视野、增强文化理解。教师可以精选一些具有代表性的国外经典文学作品，如莎士比亚的戏剧、托尔斯泰的小说、高尔基的散文等，引导学生深入阅读并思考，感悟作品所蕴含的人文情感和价值观，从而提升他们的全球视野和文化素养。

第三章 中学语文教学内容与方法

第一节 语文教学内容的设计与优化

一、语文教学内容设计的原则

语文教学内容的设计是语文课程建设的重中之重，直接关系到教学目标的实现和学生素养的培养。因此，在设计语文教学内容时，必须严格遵循科学性、时代性和适应性原则，以确保为学生提供高质量的语文教育。

（一）科学性原则

科学性原则是语文教学内容设计的基础，要求教学内容具有完整的知识体系、严谨的内容和规范的语言表达。语文作为一门综合性学科，涵盖了语言知识、文学知识、修辞知识等多个领域，教学内容应当体现这些知识之间的内在联系和逻辑关系，并形成系统、完整的知识体系。只有建立起完整的知识体系，学生才能全面掌握语文知识，培养综合语文素养。教材作为语文教学的主要载体，其内容必须经过严格的甄选和编排，以确保内容的真实性、权威性和科学性。编排时要注意知识点的系统性和层次性，避免内容的重复和遗漏，杜绝错误概念和不规范表达。语文教学不仅要传授语言知识，更要培养学生的语言表达能力。因此，教学内容中的语言表达必须规范、准确、简洁，为学生树立良好的语言表达范例。

（二）时代性原则

语文教育不应是封闭和僵化的，而应紧跟时代发展与变化，反映社会热点与现实问题，融入新兴文化与科技知识。随着时代的不断发展变化，语言也在不断更新。语文教学内容应当及时吸纳时代发展的新内容、新概念和新的表达方式，使教学内容具有鲜活的时代气息。语文教学不能脱离社会现实，教学内容应当关注社会热点问题和现实生活，选取具有现实意义和思想价值的素材，引导学生关注现实、思考现实、解决现实问题。随着信息技术的飞速发展，新兴文化和科技知识也日益渗透到语言生活中。语文教学内容应当适度融入这些新兴元素，培养学生的新媒体语言素养和信息素养，满足时代发展的需求。

（三）适应性原则

语文教学内容的设计需要充分考虑学生的实际情况，符合学生的认知水平和心理特点，满足不同学生的兴趣与需求，并照顾区域差异与文化背景差异。语文教学内容的深浅难易应根据学生的年龄特点和认知能力进行合理设置，避免过于艰深或过于肤浅。同时还要关注学生的心理特点，选取相应的教学内容来激发学生的学习兴趣。每个学生都有不同的个性特征和学习需求，教学内容应当具有一定的多样性和可选择性，为学生提供个性化的学习资源，以满足他们的不同需求。语文教育具有鲜明的地域性和文化性特征，不同地区的学生有着不同的文化背景和生活环境。教学内容应当适应并尊重这种差异性，选取具有地方特色的文化素材，激发学生的文化认同感。

二、语文教材内容的选择与编排

语文教材作为语文教学的核心载体，其内容的选择与编排直接影响着教学质量和学生素养的培养。因此，在编排语文教材时，我们必须科学合理地选择优秀文本，并按照不同的主题进行系统编排，以确保教材内容的多样性和合理性。

（一）经典作品的选编

经典作品是人类文化智慧的结晶，蕴含着深刻的思想价值和艺术魅力。经典作品选编是语文教材内容编排的基础和重点。

中国古代文学遗产浩如烟海，如《诗经》《论语》《史记》及优秀的唐诗、宋词、元散曲作品等，无不凝聚了中华民族的文化智慧，体现了中国传统文化的精神内核。我们应当精心甄选其中的经典之作，让学生领略中华传统文化的魅力。除了中国古典文学之外，外国文学中也有无数不朽巨作，如《伊利亚特》《哈姆雷特》《红与黑》《战争与和平》等。这些作品展现了不同民族和国家的文化风采，传递了普世价值观。我们应当选编外国文学的精华，开拓学生的国际视野。现当代文学是中华民族伟大复兴的见证，在这个时代洪流中孕育了众多脍炙人口的名家名作，如鲁迅的小说、臧克家的散文、艾青的诗歌等，这些作品反映了中国人民在苦难深渊中的不屈斗争,引领民族振兴的思想潮流。选编这些优秀作品能够激发学生的民族自豪感和使命感。

(二)多样文体的涵盖

语文教材应当囊括各种文体,使学生接触到多种文本类型,培养全面的语文素养。文学作品是语文教材的重要组成部分,包括抒情性的诗歌、思辨性的散文、情节性的小说以及戏剧等,选编不同文体的文学作品能够使学生全面理解和掌握各种文体的特点。除了文学作品,我们还应当收录一些实用性文体作品,如新闻报道、社论评论、演讲词等。这些作品贴近生活实践,有利于培养学生对语言文字的实际应用能力。非虚构作品是文学作品和实用文体之外的另一个重要类型,包含了大量知识性和趣味性的内容,如科普文章、人物传记、地理游记等,能够丰富学生的知识面,开阔视野。

(三)文本主题的多样性

主题是文本的灵魂所在,语文教材应当设置丰富多样的主题,以满足不同层次的教育需求。语文教育不仅要传授语言知识,更要引导学生思考人生的意义,树立正确的世界观、人生观和价值观。因此,语文教材中应当包含探讨人生哲理和价值观念的经典作品,如《人生的枷锁》《永不消逝的电波》等,以启迪学生的人生智慧。社会是人类生存的大环境,也直接影响着人们的思想。教材应当选取反映社会现实和人性本质的作品,如《包身工》《小岗村人奋斗记》等,帮助学生认识社会,理解人性,培养正确的社会意识。科学精神和环境保护意识是现代社会的重要课题,语文教材也应该承担起相应的教育责任。我们可以选编一些弘扬科学精神、倡导环境保护的优秀作品,如《生命的狂想》《沙漠之火》等,激发学生对科学的热情和环保意识。

语文教材内容的选择与编排是一项系统而复杂的工程,需要专家学者的精心设计和科学策划。只有严格把关、精心甄选,才能确保教材内容经典丰富、主题多样、文体全面,为学生提供高质量的语文教育资源,培养他们全面的语文素养和核心素养,为祖国的伟大复兴贡献自己的力量。

三、语文教学内容的优化策略

(一)内容的整合与扩展

优化语文教学内容是提升学生综合素养的重要举措,其中,内容的整合与扩展是最为关键的策略之一。为此,引入跨学科资源是不可或缺的。在语文课堂中，将相关的历史、地理、文化知识与语文相融合，能够拓展学生的视野，提高他们对语言文字的理解和运用能力。例如，在讲解古诗词时，可以结合历史背景或文化传统，让学生更深入地理解古诗词的内涵。同时，课内外知识的连接也是语文教学内容的重要优化策略。通过将课堂学习内容与学生平时接触到的各种信息相联系，可以增强学生对知识的感知和理解。教师可以鼓励学生在课外阅读相关文学作品、参加文化活动，然后在课堂上与所学内容进行对比、讨论，加深学生对语文知识的记忆和理解。另外，学生实践活动也是优化语文教学内容的有效途径。通过组织学生进行写作、朗诵、戏剧表演等实践活动，可以让他们在实践中感受语言的力量，提高语文素养。在实践活动中，教师可以引导学生运用所学语言知识，培养他们的表达能力和创造力，同时增强学生对语文知识的记忆和应用能力。

（二）丰富语文教学资源

通过运用数字化技术丰富教学资源是优化语文教学内容的重要手段。通过利用音频、视频、图片等多媒体资源，教师可以生动地呈现语言文字的魅力，激发学生的学习兴趣。例如，使用视频展示文学作品及其作者所处的历史文化背景，播放优秀的课文诵读音频，或者展示与课文内容相关的图片，都可以帮助学生更直观地理解和感受所学内容。网络平台与数字化教材的应用也是丰富语文教学资源的重要途径。教师可以利用在线课堂、教学网站、教学平台等网络平台开展在线教学。在线教学不仅能够方便学生随时随地获取学习资料，还可以通过在线互动、学习游戏等形式提升学习的趣味性和学生的学习效率。同时，数字化教材的应用也可以实现教材内容的动态更新和个性化定制，以便更好地满足学生的学习需求。教师可以引导学生利用图书馆资源、文献资料等进行课外拓展阅读，培养他们自主学习的能力和信息获取的能力。同时，教师也可以通过整理、筛选、推荐相关文献资料，为学生提供更广阔的知识视野和更深入的学习资源。

（三）满足学生学习兴趣与需求

为了满足学生的学习兴趣与需求，教师可以根据学生的兴趣爱好和阅读水平，提供丰富多样的书目选择，涵盖不同文体、不同题材的优秀文学作品。这样可以激发学生的阅读兴趣，拓展他们的阅读广度和深度，提高语文素养。同时，通过对选读书目的讨论和分享，可以促进学生之间的交流和互动，丰富课堂氛围。教师可以根据学生的兴趣爱好和阅读偏好，组织兴趣小组或者读书会活动。在兴趣小组或读书会中，学生可以自主选择感兴趣的书目进行阅读，并与同学进行深入的讨论和交流。这样不仅可以增强学生的阅读兴趣和热情，还可以培养他们的交流能力和批判性思维。教师还可以根据学生的阅读水平和写作能力，为他们提供个性化的阅读指导和写作指导，引导他们选择适合自己的阅读材料，并进行针对性的写作训练。通过这种方式，可以更好地满足学生的学习需求，促进他们的个性化发展，提高语文学习的效果。

四、语文教学内容的实践与反思

（一）教学内容实施中的问题

1. 教学内容选择的局限性

传统的语文教材选编往往侧重于经典文学作品和古代诗词，内容较为固定，无法充分满足学生的学习需求和兴趣。同时，教材内容的更新周期较长，无法及时反映社会和时代的变化，导致教学内容与学生生活及社会现实脱节。在一些地区或学校，教师很难获取到丰富多样的教学资源，无法根据学生的特点和需求进行灵活选择并设计教学内容。缺乏多样化的教学资源也限制了教师在教学内容上的创新和拓展。每个学生都具有不同的学习目标和需求，有些学生希望通过语文学习提高语言表达能力，有些学生则更关注语言运用的实际效果，这就需要教师在选择教学内容时进行综合考量，既要满足课程要求，也要尽可能满足学生的个性化学习需求。另外，教学环境和条件的限制也会影响教学内容的选择和实施。例如，课堂时间有限、学生基础差异较大、教师教学经验不足等因素都会限制教师在教学内容上的选择和展开。面对这些问题，教师需要在有限的条件下进行权衡取舍，选择最适合学生的教学内容。

2. 教材编排的适应性不足

教材编排的适应性不足是语文教学中的常见问题，它体现在教材对内容组织和安排未能充分考虑到学生的学习需求和实际情况，具体表现在以下几个方面：

（1）有些教材在内容编排上呈现线性模式，内容过于单一古板，缺乏灵活性和针对性，难以根据学生的学习能力和兴趣进行调整。

（2）有些教材中的内容层次安排可能存在跳跃或不连贯的情况，给学生理解和掌握知识带来困难。

（3）有些教材内容与学生现实生活脱离或者联系不够密切，缺乏实用性和可操作性，难以引发学生的共鸣和学习积极性。

（4）有些教材过于固守经典文学作品，忽视了当代文学和多元文化的重要性，导致教材内容缺乏新鲜感和吸引力。

（5）有些教材中的题材设置可能过于单一，缺乏多样性和丰富性，难以满足学生不同的学习需求和兴趣。

（6）有些教材在内容呈现和教学方法上可能过于死板，缺乏灵活性和创新性，难以激发学生的学习兴趣和参与度。

（7）有些教材中的教学资源和辅助材料可能不足，无法满足学生多样化的学习需求和教学实践。

因此，为解决语文教材编排的适应性不足问题，需要加强教材编写过程中对学生需求的调研和分析，注重教材内容的多样性和实用性，灵活运用各种教学方法和手段，提高教材的针对性和灵活性，从而更好地满足学生的学习需求和教学实践。

（二）内容优化的实践经验

1. 教学案例分享与讨论

在分享教学案例时，教师可以选择具有代表性和启发性的教学案例，例如某一次精彩的课堂讨论、学生出色的作文展示等。通过分享这些教学案例，教师可以向其他教师展示成功的教学经验，启发他们尝试新的教学方法和策略。同时，在教学案例讨论环节中，教师可以就教学案例中出现的问题进行深入分析，探讨解决方法，共同寻求最佳的教学实践路径。这种合作性的讨论有助于激发教师的创造力和思维活跃度，从而推动教学内容的不断优化。

2. 优秀教师的教学经验总结

优秀教师通过多年的教学实践积累了丰富的经验，他们深刻理解学生的学习需求，擅长运用多种教学方法和手段，并取得了显著的教学成果。教师可以通过研读优秀教师的教学经验总结，学习他们成功的教学策略和方法，吸收他们的教学理念和思维方式，拓展自己的教学思路，提高自身教学水平，进而推动语文教学内容的优化。

3. 学生反馈与教学效果分析

学生的反馈是衡量教学效果的重要指标之一，学生的意见和建议可以帮助教师了解教学中存在的问题和不足之处。因此，教师应该及时收集学生的反馈意见，并对其进行认真分析和总结。同时，教师也可以通过课堂观察、作业评定等方式，对教学效果进行分析，从而更加客观地评价自己的教学质量。通过不断地分析学生反馈和教学效果，教师可以及时调整教学内容和教学方法，以保证教学的针对性和有效性。

（三）未来教学内容的探索方向

随着时代的发展和教育理念的不断更新，语文教学内容也必将与时俱进，展现出新的发展趋势和创新方向。

1. 新时代下语文教材编写的新趋势和新方向

传统的语文教材编写往往过于注重知识的系统性和完整性，忽视了内容的生动性和趣味性。而未来的语文教材将更加贴近生活、贴近学生。比如，可以选取一些学生感兴趣和易于理解的素材，如流行文化、热门话题、生活景象等，使语文教材内容更加生动形象，具有趣味性和亲和力。同时，语文教材编写也将更加注重培养学生的核心素养，每个单元都会围绕一个话题或主题展开，综合训练学生的语文水平和思维能力。未来的语文教材编写还会更加注重科技的应用和多学科知识的整合。一方面，语文教材将借助多媒体、VR等先进技术，采用图文并茂、声像俱全的形式，使学习内容更加直观生动；另一方面，语文教材将加强对不同学科知识的整合，注重多学科融合，培养学生的跨学科综合能力。总之，新时代的语文教材将更加贴近生活，更加科学化和系统化，更加符合未来学生的学习需求和发展要求。

2. 语文教学内容将朝着个性化和定制化的方向发展

面对不同学生的差异化学习需求，语文教学内容必须具备一定的灵活性和可选择性。未来的语文教学可以提供若干方向和模块化的内容供学生选择，根据学生不同的兴趣爱好、基础水平等，为其定制个性化的学习内容。比如有些学生可能对古代文学更感兴趣，有些学生则偏好现当代文学；有些学生擅长写作，有些学生则擅长口语交际。因此，语文教学内容应该具有开放性和多样性，为学生提供充足的选择余地，实现因材施教。个性化和定制化教学内容的设计还需要契合学生的生活实际和认知规律，内容既不能过于超前、脱离实际，也不能过于陈旧、无趣。教师应该密切关注社会生活的新鲜事物和青少年文化，将一些流行的话题、热点问题等融入教学内容之中，引起学生的共鸣和兴趣。未来语文教学内容还应该具有可成长性，可以随着社会发展和时代进步而不断更新和完善。教师可以通过互联网等渠道及时获取最新的语文教育资源和素材，并加以整合，将其融入语文教学内容之中。总之，个性化和定制化将会是未来语文教学内容的重要发展方向。

3. 语文教学内容的国际视野和跨文化理解意识

随着全球化的不断发展，不同国家、不同文化之间的交流与融合日益频繁，语文教学内容也不应该故步自封，而应该注重对学生跨文化交际能力的培养。具体来说，未来的语文教学内容应当适当增加对国外优秀文学作品的介绍和学习，拓宽学生的视野，增强他们的跨文化理解能力。同时，还可以引入一些国外文化现象、社会热点等内容，培养学生的国际化思维意识。当然，在开放吸纳外来文化的同时，更要注重对中华民族文化的传承和弘扬，应当在教材中增加优秀的中华传统文化内容，树立学生的文化自信。语文教学内容的国际化还可以体现在对学生语言技能的培养上。当今世界，全球化进程不断加快，跨国交流也愈发频繁，掌握一门或多门外语已成为学生未来发展的必备技能。因此，在未来的语文教学内容中，外语学习和跨文化交际能力的培养将会成为重点内容。语文教学中将会通过案例分析、情景模拟等方式培养学生的外语口语能力、写作能力和跨文化交际能力。

总之，未来语文教学内容的这些创新趋势既有利于激发学生的学习兴趣，又有利于培养学生的综合能力和核心素养，是语文教学改革和发展的必由之路。

第二节　语文教学方法的创新与应用

一、语文教学方法创新的意义与必要性

语文教学方法的创新与应用对于提高教学质量、激发学生学习兴趣、促进学生全面发展具有重要意义，同时也是适应新时代教育要求、满足学生多样化学习需求、应对传统教学方法局限性的必然选择。创新教学方法能够有效激发学生的学习兴趣。传统的教学方式往往单一乏味，难以吸引学生的注意力，而创新的教学方法通过运用多种形式、多种渠道，让学生在轻松愉悦的氛围中学习，从而提高学生的学习兴趣和积极性。例如，教师可以利用多媒体技术、情景模拟等方式，将抽象的知识内容变得形象生动，从而增强语文课程的吸引力。创新教学方法有助于提升教学效果。不同的学生有着不同的学习风格和偏好，创新教学方法能够因材施教，满足学生的个性化需求，提高教学的针对性和实效性。单一的教学方式会造成部分学生无法真正理解和掌握知识，而创新的教学方法则能够让每个学生都有机会从中受益。此外，创新教学方法能够促进学生的全面发展。语文

不仅是一门知识学科，更是一门思维训练和素质培养的课程。创新教学方法注重培养学生的独立思考能力、创新意识、合作精神等，有利于学生综合素质的全面提高。例如，通过项目式学习、小组合作等方式，锻炼学生的实践能力和团队协作能力。

进入新时代，教育理念和教学模式都面临着新的要求和挑战。传统的教学方式已经难以完全适应现代教育的要求，创新教学方法成了教育改革的必由之路。新时代要求学生具备创新意识、实践能力、终身学习能力等素养，教学方法也必须与时俱进，采用启发式、探究式、体验式等教学方法，培养学生的综合能力。与此同时，学生对知识获取途径和方式的需求也变得更加多元化，过去单一的讲授式教学已无法满足现代学生个性化、多样化的学习诉求。创新教学方法能够借助现代信息技术，为学生提供丰富多彩的学习资源和多种学习渠道，使学生可以按照自己的节奏和方式进行学习，真正实现因材施教。创新教学方法也是针对传统教学方法局限性的有效改进，传统的由教师主导的填鸭式教学存在诸多弊端，忽视了学生的主体地位，抑制了学生的求知欲望。创新教学方法更加注重学生的主体参与，强调发挥学生的主动性和创造性，克服了传统教学方法的缺陷。

总之，语文教学方法的创新与应用符合新时代教育发展的要求，能够激发学生的学习兴趣、提高教学效果，促进学生全面发展，是提高语文教学质量的关键所在。语文教师应当勇于创新，不断更新教学理念和教学方式，培养合格的新时代语文人才。

二、语文教学方法创新的类型与特点

（一）探究式教学法

探究式教学法是一种注重学生主动参与、积极探索和发现的教学方法。其核心理念是通过学生的自主思考、独立探索和合作学习，促进他们的综合能力和创造性思维的发展。这种教学法强调学生在学习过程中的主体地位，倡导学生从被动接受转变为积极建构知识，从而实现更加自主、深入的学习效果。

在探究式教学中，学生扮演着最重要的角色，他们不仅是知识的接收者，更是知识的构建者和分享者。教师通过提出问题、引导讨论和组织实践活动，激发学生的好奇心和求知欲，引导他们积极参与到学习过程中来。探究式教学倡导学生之间的合作学习和互动交流，通过小组合作、讨论分享等方式，促进学生之间的相互交流和合作。在学生实践探究的过程中，通过不断地发现问题、分析问题并解决问题，能够提高他们解决问题的能力和创新能力。学生在探究式教学中不仅能够获得知识，更能够将所学知识应用到实际生活中去，从而培养自己的实践能力和知识应用能力。

在中学语文教学中，探究式教学法的应用具有重要意义。首先，通过引导学生分析文本、探究语言现象，能够培养其语言表达能力和文学鉴赏能力。其次，通过问题驱动的探究，激发学生对文学作品的兴趣和理解，能够提高其阅读理解能力和文学素养。再者，通过项目式学习和实践探究，能够培养学生的创造性思维和团队合作能力，提高其实践能力和创新能力。最后，通过跨学科的整合和应用，能够拓展学生的知识视野和学科认知，促进其全面发展。

（二）合作学习法

合作学习法是一种强调学生之间相互合作、共同学习的教学方法。在合作学习中，学生通过小组讨论共同解决问题，合作完成任务，积极参与到学习过程中，并达到共同提升的目的。这种教学法有助于培养学生的团队合作能力、沟通能力和批判性思维，同时也能够增强学生的学习效果。

合作学习法注重学生的主动参与和相互合作。在合作学习中，学生需要相互合作、协调配合，共同完成任务。通过合作学习，学生可以相互交流、分享和借鉴彼此的经验和技能，充分利用集体智慧，提高学习效率。

在中学语文合作学习法的实施中，教师需要精心设计教学活动，并有效引导学生参与其中。在设计合作学习活动之前，教师需要明确学习目标，确保合作学习活动与课程目标相一致。教师可以根据学生的学习需求和个性特点，合理组建小组，确保每个小组成员能够互相支持、优势互补，共同完成任务。教师应当清晰地向学生说明合作学习活动的任务和要求，如解读文学作品、分析课文、进行文学创作等，并明确每个小组成员的角色和责任，学生可以在小组内相互讨论、交流想法，共同完成任务。教师可以为学生提供必要的学习资源，例如提供相关的文学作品、参考资料、学习工具等，帮助学生更好地完成任务。同时，教师也要为学生提供必要的指导和支持，引导学生正确理解任务要求，掌握解决问题的方法和技巧。另外，教师还需要及时关注学生的学习情况，监督学生的学习进度和合作效果，及时提供反馈和指导，帮助学生克服困难，确保合作学习活动的顺利进行。在合作学习活动结束后，教师可以组织学生进行总结与分享，邀请学生展示他们的学习成果、分享他们的学习收获和体会，从而加深学生对所学内容的记忆和理解。

（三）翻转课堂

翻转课堂的起源可以追溯到21世纪初，最初是由美国教育学家乔纳森·伯格曼和亚伦·萨姆斯提出并进行实践。他们发现一些学生在课堂上由于各种原因无法跟上教学进度，于是开始将课堂讲授的内容录制成视频，供学生在课外观看。这样一来，学生可以根据自己的学习节奏在家中重复学习，而在课堂上，教师则可以更多地与学生互动，如解答疑问、进行实践活动等。翻转课堂这一新型教学模式大大提高了学生的学习效率和教学质量。

翻转课堂强调学生的主动学习和参与，教师的角色由教导者转变为指导者和引导者。学生在课外通过观看视频、阅读资料等方式进行自主学习，而在课堂上，教师则更多地与学生互动，引导学生探究和解决在自主学习中所遇到的问题。学生可以根据自己的学习节奏和学习能力选择合适的学习方式和学习资源，而教师则可以针对学生的个性化需求，实现差异化教学。在翻转课堂中，学生更多地参与到课堂活动中，与同学一起合作、交流、讨论问题，从而促进了学生之间的合作意识和团队精神，培养了学生的交际能力和合作能力。总的来说，翻转课堂已成为当今教育领域一种重要的新型教学模式。

在中学语文教学中实施翻转课堂，教师要精心准备教学内容，包括录制教学视频或准备其他形式的多媒体资料，确保教学内容生动有趣、简洁明了，能够吸引学生的注意力，并能有效地传达课程内容。这些教学资料可以是与课本内容相关的解说视频、名家讲解视频，也可以是精选的文学片段、诗歌朗诵等。

在课前，教师需要为学生设计学习任务和问题。这些任务和问题应该能够引导学生深入思考、理解课程内容，并能够激发学生的探究兴趣。学习任务可以包括观看视频后的思考题、阅读材料后的讨论题、相关练习题目等。针对这些学习任务，学生可以在课外进行有针对性的自主学习和知识准备，为课堂上的深入讨论和实践打下基础。在课堂上，教师可以组织学生进行深入的讨论和实践活动。学生可以分享自己自主学习的心得和体会，提出问题和疑惑，与同学一起探讨并解决问题。教师可以根据学生的讨论情况，适时给予指导和反馈，帮助学生更好地理解和掌握知识。教师还可以根据学生的学习情况和需求，为他们提供不同的学习资源和支持，引导他们按照自己的学习节奏和方式进行学习。这有助于满足不同学生的学习需求，提高教学的针对性和有效性。在课堂讨论中，教师还可以通过提出相关问题和情境引导学生进行批判性思考，鼓励学生分析、评价文学作品或其他语文内容，培养学生的批判性思维能力和创造性思维能力。这有助于学生更深入地理解和评价文学作品，提高他们的文学鉴赏能力。最后，在课堂结束时，教师可以对学生的表现进行及时的反馈和评价。及时的反馈和评价可以帮助学生了解自己的学习情况，发现并改进学习中存在的问题，进一步提高学习效果。

（四）情境教学法

情境教学法是将学习内容与真实生活情境相结合的教学方法，能够使学习更具体、更生动、更贴近学生的实际生活，从而激发学生的学习动机，提高学生的学习效果。这种教学方法的核心理念是通过情境的设置，让学生在学习过程中体验并应用所学知识，使学生能够更好地理解和应用所学内容。

情境教学法注重营造真实的情境。教师通过精心设计的情境设置，将学习内容融入学生熟悉的、与实际生活密切相关的情境中。这样的设置可以让学生更容易理解和接受所学内容，从而提高学习的效果。例如，在学习古诗词时，可以通过情境设置，让学生在欣赏自然景色的同时感受诗歌的美妙，从而更好地理解诗歌的意境和内涵。情境教学法强调学习的体验性和互动性。在情境教学中，学生不再是被动接受知识，而是积极参与学习活动。通过情境设置，学生可以参与到各种实践活动中，如角色扮演、模拟情境、实地考察等，从而深入地体验并应用所学知识，激发学生的学习兴趣。情境教学法也倡导跨学科学习和知识的综合应用。学生可以综合运用多种学科的知识和技能来解决问题，从而培养自己的综合思维和创新能力。例如，通过设计一个关于环境保护的情境教学活动，学生不仅可以了解环境科学知识，还可以运用语文知识撰写环保倡议书，同时也可以运用数学知识统计环境污染数据，等等。在情境设置的过程中，学生可以与同学们共同合作、讨论、交流，分享彼此的观点和体验，共同解决问题，从而增进彼此之间的理解和信任，培养团队合作精神和社交能力。

在中学语文教学中，实施情境教学法需要教师结合课程内容和学生的实际情况，精心设计情境，营造具体的学习环境，使学生能够在情境中体验和应用所学知识。

教师可以根据教材内容和学生的学习需求，选择适合的情境。情境可以是与文学作品相关的场景，也可以是与课文内容相关的真实生活情境，或者是与课程主题相关的社会现象或历史事件等。例如，在古诗词赏析的课程中，情境可以设置为诗人创作诗歌的环境，让学生在类似的环境中感受诗歌的意境。教师还可以根据教材内容设计一系列情境活动，引导学生在情境中进行学习和实践，包括角色扮演、情景再现、实地考察、文学作品的情境重现等。例如，教师可以让学生分别扮演文学作品中的角色，根据情境中的设定进行对话表演，以便更深入地理解作品的情感和内涵。在情景活动中，教师需要为学生提供必要的学习资源和支持，包括相关文学作品、背景资料、情境设置所需的道具等。这些资源可以帮助学生更好地融入情境，提高情境活动的真实性和效果。在情境活动中，教师需要引导学生积极参与，激发他们的学习兴趣和主动性。同时，教师也应该引导学生在情景活动结束后进行反思和总结，分享自己的学习体会和感悟，从而加深对知识的理解和应用。教师可以通过观察学生在情境活动中的表现、听取学生的讨论和分享、收集学生的作品等方式对学生进行评价。评价应注重对学生的思维能力、表达能力、合作能力等方面的全面考量，从而能够全面评判学生在情境教学中的综合素养，发现学生在情境教学活动中的优缺点。

通过情境设置，情境教学法可以引导学生在情景中进行学习和实践，激发学生的学习兴趣，提高学生的学习效果，培养学生的思维能力，促进他们语文素养的全面发展。

三、语文教学方法创新的实施策略

（一）教师角色的转变

语文教学方法的创新不仅是一种教学方式的改变，更涉及教师角色的转变。传统的语文课堂教学中，教师扮演着知识传授者的角色，具有十足的权威性，而现代语文教学方法的创新要求教师角色转变为学生学习的引导者、合作者和促进者。这种转变需要教师具备更多的教学策略和教学技巧，以便更好地满足学生的学习需求，促进他们的全面发展。

1. 教师要成为学生学习的引导者

这意味着教师需要根据学生的学习特点和需求，设计合适的学习任务和活动，引导学生积极参与学习，激发他们的学习兴趣和动机。教师可以通过启发式提问、激发思维的教学活动、情境设置等方式，引导学生主动探索、发现和学习知识，从而培养他们的自主学习能力。

2. 教师需要成为学生学习的合作伙伴

在现代语文教学中，合作学习可以促进学生之间的交流和合作，提高学生的学习效果和学习成绩。教师可以通过组织小组讨论、项目合作、学习社区等方式，营造良好的学习氛围，促进学生之间的互动和合作，从而提高学生的学习效果和合作能力。

3. 教师要成为学生学习的促进者

教师应该关注学生的学习过程和学习成果，及时给予学生反馈和指导，帮助他们克服学习中遇到的困难和挑战，从而不断提高学习水平。教师可以通过个性化指导、针对性的评价和建设性的反馈等方式，帮助学生发现自己学习的优势和不足，有针对性地为学生制订个性化学习计划，帮助学生更好地实现学习目标、提高学习成绩。

（二）教学活动的设计与组织

设计多样化的教学活动和组织学生参与实践活动是现代语文教学中的重要策略，旨在激发学生的学习兴趣、提高学习效果，并促进学生的全面发展。通过多种形式的活动，如小组讨论、角色扮演、实验探究和游戏化学习，教师可以为学生创造丰富多彩的学习氛围，满足不同学生的学习需求。例如，通过小组讨论，学生可以分享自己的观点和思考，激发思维，增强对知识的理解；而通过角色扮演，则可以让学生亲身体验文学作品中的情感与冲突，从而深化对作品内涵的理解。通过写作实践、朗诵表演、实地考察和社区服务等实践活动，学生可以将所学知识应用于实际生活中，增强对知识的理解和掌握。例如，通过写作实践，学生可以锻炼语文表达能力和写作技巧，提高语言表达的准确性和流畅性；通过朗诵表演，则可以培养学生的语言感知能力和表达能力，增强学生的自信心。

（三）评价机制的改革

语文教学方法的创新不仅体现在课堂教学和实践活动上，还需要通过评价机制的改革来推动。包括建立多元化评价体系，重视过程性评价与终结性评价相结合，以及提供及时反馈与个性化指导。这些措施能够全面评价学生的学习过程和学习效果，促进学生的全面发展。

在传统的评价体系中，往往只关注学生的考试成绩，而忽略了其他方面的表现。多元化评价体系则强调从多角度、多维度来评价学生的综合素质和能力。例如，除了考试成绩外，还可以通过课堂表现、作业完成情况、小组合作情况、课外活动参与情况、语言表达能力、写作能力等方面来全面评价学生。这种评价方式不仅可以更全面地反映学生的学习情况，还可以激发学生的学习兴趣和积极性，促进他们的全面发展。

在评价学生的学习效果时，既要关注学生在学习过程中的表现（过程性评价），也要关注学生的学习成果（终结性评价）。过程性评价可以依据平时的作业、课堂讨论、项目完成情况、日常表现等来评判，而终结性评价则主要依据期中考试、期末考试等评判。通过过程性评价与终结性评价相结合，教师可以全面了解学生的学习过程和学习效果，发现学生在学习过程中的优势和不足，从而有针对性地进行指导和帮助。

最后，教师要为学生提供及时反馈与个性化指导。及时的反馈可以帮助学生了解自己的学习情况，及时发现问题并改进，从而提高学习效果。教师可以通过课堂点评、作业批改、面谈等方式，给予学生及时反馈。个性化指导则是教师根据学生的具体情况，为学生提供有针对性的帮助和建议，帮助学生克服学习中的困难，发挥自己的优势，进一步提高学习水平。例如，对于在某一方面表现出色的学生，教师可以给予更多的鼓励和提升机会；对于在某一方面存在困难的学生，教师则可以提供更多的辅导和支持，帮助他们取得进步。

第三节　多元化教学手段在语文教学中的运用

一、多元化教学手段的重要性

随着教育理念和教学模式的不断更新，多元化教学手段在语文教学中的应用显得越来越重要。采用多元化的教学手段，不仅能够满足学生个性化的学习需求，激发学生的学习兴趣，更有利于促进学生的全面发展，是适应现代教育发展趋势、提高语文教学效果、培养学生多方面能力的必由之路。

（一）满足学生个性化学习需求

多元化教学手段的运用，有利于满足不同学生的个性化学习需求。每个学生都有自己独特的学习习惯和偏好，采用单一的教学方式很难兼顾每一位学生的需求，而多元化教学手段则可以为不同学生提供不同的学习渠道和资源，让学生能够按照自己的节奏和方式学习，真正实现因材施教。比如，有的学生偏好视觉学习，教师可以为他们提供图片、视频等直观教学资源；有的学生偏好实践学习，教师可以为他们创设实践操作的机会；有的学生偏好合作探究，教师可以组织相应的小组活动等。只有教学手段多元化，才能最大限度契合每一个学生的需求。

（二）激发学生学习兴趣

多元化教学手段有助于激发学生的学习兴趣。相比单一的教学方式，多元化手段所带来的新鲜感和趣味性更容易吸引学生的注意力。比如，教师可以借助多媒体技术、VR等数字技术手段，将抽象晦涩的知识内容可视化、形象化，增强学习的直观性和趣味性；还可以组织情景模拟、角色扮演等互动性强的活动，让学生在轻松愉悦的氛围中学习。此外，教师还可以设计一些探究性、开放性的学习任务，引导学生主动思考、合作探究，从中获得乐趣和成就感。总之，多元化手段能够打破传统课堂的单调乏味，激发学生主动学习的内在动力。

（三）促进学生全面发展

多元化教学手段的运用也有利于促进学生的全面发展。语文教育不仅要传授知识，更要培养学生良好的品德修养和综合能力，而多元化教学手段正好为此创造了有利条件。不同的教学手段针对不同的培养目标，可以全方位锻炼学生的各种能力。比如，合作探究有助于培养学生的团队协作能力，任务驱动法有助于培养学生的实践应用能力，情境教学法有助于培养学生的想象力和创新思维等。通过多元化的教学手段，教师可以提高语文课堂的教学效率，真正助力学生全面发展。

（四）顺应现代教育发展趋势

实施多元化教学手段，也是顺应现代教育发展趋势的必然选择。当前，教育理念不断创新，更加注重培养学生的创新精神和实践能力，同时也越来越重视因材施教和学生的个性化发展，多元化教学手段恰恰可以满足这些发展需求。相比单一的教学模式，多元化教学手段更加灵活多变，更加贴近学生实际，也更有利于发挥学生的主体作用和创新意识。同时，多元化教学手段还有助于构建开放性的学习环境，促进师生互动，这些都与新时代教育发展要求高度契合。

（五）提高语文教学效果

多元化教学手段的运用，还有利于提高语文教学的整体效果。相比传统的填鸭式教学，多元化手段可以最大限度激发学生的学习主动性和参与热情，让学生在实践中获得知识，在合作探究中建构知识。这种学习方式更加主动、更加高效，有助于加深学生对知识的理解和内化。同时，多元化教学手段还可以培养学生的高阶思维能力，如批判性思维、创新思维等，从而提高学生的语文综合素养。总之，多元化教学手段的应用不仅有助于学生获取知识，还有利于培养学生的核心能力，是不断提高语文教学质量的重要推手。

二、中学语文多元化教学手段

在中学语文教学中应用多元化的教学手段，不仅可以满足学生多样化的学习需求，还能激发学生浓厚的学习兴趣，增强教学的生动性和趣味性，从而提高教学效果。

(一) 视听教学手段

视听教学手段是指利用图像、声音等非文字符号作为教学媒介的一种教学方式。通过直观、形象的视听呈现，有助于增强学生对知识的感知和理解。

教师可以合理利用音频和视频资源。其中，音频资源可以是名家名作的朗读音频、文学作品改编的有声读物，运用音频资源有助于培养学生的语感和听力；而视频资源可以是文学理论的讲解视频、课文内容的情景再现视频等，运用视频资源能够形象生动地呈现知识内容，激发学生的学习兴趣，丰富教学内容。教师还可以适当运用电影、纪录片等影视资源，丰富语文教学内容。通过观看与教学内容相关的影视作品，不仅有助于激发学生的学习兴趣，更能加深学生对知识点的理解，增强知识的巩固和积累。例如，在学习鲁迅先生的小说《狂人日记》时，教师可以播放1990年的同名影片。影片中细腻的镜头语言、精彩的演员表演，不仅能让学生更好地理解作品内涵，也能让学生对文学作品有更深刻的体会与感悟。在学习《岳阳楼记》一课时，教师可以先让学生观看相关的纪录片，了解岳阳楼的历史，增强对文本内容的认知。接着，教师向学生讲解作者的思想感情，引导学生领会爱国主义精神，从而更好地把握文章中蕴含的历史文化内涵。另外，制作并使用多媒体课件也是一种常见的视听手段。通过图文并茂、声像俱全的多媒体课件呈现，能够调动学生的多种感官，增强知识内容的视觉冲击力和吸引力，提高课堂教学效率。

(二) 互动式教学手段

互动式教学手段，是指突破传统单向教学，通过教师与学生、学生与学生之间的互动交流和双向沟通实现教学目标的一种手段。这种手段能够最大限度调动学生的学习主动性和参与热情。

1. 课堂讨论和辩论

课堂讨论和辩论是常见的互动式教学手段。教师可以设置开放性的话题或问题，组织全班同学集体讨论，引导学生畅所欲言、碰撞思维的火花；也可以将学生分成正反两方，开展辩论，以提高学生的口语表达能力和逻辑思维能力。例如，在学习《师说》一文时，可以设置"论是否应该鼓励个性教学"为辩题，让学生分成正反两方展开辩论。在有理有据论述的过程中，不仅可以锻炼学生的语言表达能力，更能引导他们深入思考教育理念。

2. 小组合作学习

小组合作学习也是一种重要的互动式教学手段。通过将学生分组，开展小组内部讨论、合作探究等，学生可以互帮互学、集思广益，既培养了学生的团队合作精神，也有助于形成独特的见解和思路。例如，在学习《曾国藩家书》时，可以让小组成员分头研读家书中的教子理念，并将总结交流后互相补充，最后完整呈现曾先生的家教思想。

3. 角色扮演和情景模拟

角色扮演和情景模拟也是互动式教学手段的一种选择。学生可以通过扮演文学作品中的人物，来体会人物的思想和行为，从而更好地理解和领会文学作品的内涵。也可以模拟一些生活情景，提高语言表达能力。

（三）体验式教学手段

体验式教学手段是指通过亲身实践和直接感受，让学生在教与学的过程中动手动脑、身心力行的一种教学方式，它可以最大限度培养学生的实践能力和创新意识。

语文教师可以根据教学内容，组织学生参观博物馆、名胜古迹等，让学生亲身感受中华历史文化的魅力。例如，在学习苏轼的名篇《前赤壁赋》时，教师可以带领学生实地考察长江风光，感受苏轼当年所处的环境和情境，这有利于更好地领会作品的历史文化内涵和思想意境。也可以组织学生开展社会调查、访问采风等活动，增强学生的社会责任感和实践能力。还可以开展各种与语文学习相关的文化体验活动，如书法、戏曲欣赏、诗词吟诵等，让学生在亲身实践中感知中华文化的独特魅力，增强学生的文化自信和文化认同感。例如，在古文课上，教师可以先引导学生背诵《醉翁亭记》，接着亲自示范临摹作品中的书法，最后组织学生亲自体验，在实践过程中领会古文的独特韵味。创作性的语文实践活动更是语文学习的重要组成部分，例如，组织学生进行新诗词创作、小说创作、剧本创作等，通过创作实践，学生不仅可以掌握语文创作技能，更能培养想象力和创新精神。最后，学生还可以通过作品展示、诗歌朗诵等形式，分享自己的创作心得和收获。

（四）数字化教学手段

数字化教学手段借助现代信息技术，为语文教学提供了新的平台、新的资源和新的工具，为教学互动和学习体验带来了全新的可能性。

在线学习平台和数字化资源库为师生提供了丰富的教学资源。各种教育应用软件和数字化工具为语文教学增添了无限可能。如在线阅读分析工具能帮助学生提高阅读理解和分析能力，AI修改润色工具则可以指导学生提升写作水平。随着科学技术的不断进步，前沿的AI技术也在语文教学中得到应用。虚拟教学助手可以进行人机对话互动，为学生提供及时反馈；智能云笔记可以对课堂内容进行自动识别并生成笔记和考点总结，极大提高了课堂学习效率。

（五）游戏化教学手段

游戏化教学手段是将游戏的乐趣和互动性融入教学活动中，以激发学生的学习热情，培养学生养成良好学习习惯的一种新型教学方式。这种趣味十足且极富吸引力的教学手段，正逐渐受到教师和学生的青睐。教师可以在课堂上设计各种游戏活动，提高课堂的趣味性和互动性。如组织一些基于知识点的有奖问答游戏，不仅能够考查学生对知识的掌握情况，还能够激发学生积极思考的热情。教师可以利用一些开发良好、贴近课程内容的教育游戏，将枯燥的知识点编入游戏剧情，吸引学生主动学习，还可以开发一些基于情境的互动任务，训练学生的语文实践应用能力。例如，在学习欧阳修的《醉翁亭记》时，教师可以让学生根据自己的理解和想象，模仿课文描写自己在醉翁之境的游戏情节，也可以设计一些探究性的游戏化任务，让学生在游戏中揭示成语典故，在游戏中掌握知识要点。

三、多元化教学手段在语文教学中的实施策略

（一）教学设计与准备

实施多元化的语文教学手段，首先需要在教学设计环节做好充分的准备工作。

不同的教学目标需要采用不同的教学手段，教师应根据具体的教学内容和目标要求，选择恰当的教学手段。如知识讲解型的内容可借助视听手段，实践操作型的内容可采用体验式手段，探究性话题可运用互动式手段等。在确定教学手段后，教师需要设计丰富多彩的教学活动，并将所选用的教学手段贯穿渗透到整个教学过程中。活动设计要体现多元性，如将理论学习、实践探究、互动交流等多种环节有机结合。同时要突出学生的主体地位，让学生在活动中积极参与、主动探索。多元化教学需要大量教学资源作为支撑，教师要根据所选用的教学手段提前准备好相应的教学资源。如视听手段需要音视频资料和多媒体课件，互动手段

需要讨论题和案例素材，体验手段需要实地教学的场地、器材等。这些资源将为教学活动的顺利开展提供相应保障。

（二）课堂实施与管理

如何在课堂上合理、高效地实施多元化教学手段是教学的关键所在。在课堂实施多元化教学手段时，要根据不同的教学环节和内容特点，灵活运用不同的教学手段，避免模式单一。如在知识讲解时可借助多媒体展示，在知识内化时可组织讨论交流，在技能训练时可安排实践活动等。教学手段的多元化既满足了不同学生的学习需求，也有助于激发学生的学习热情。

课堂互动是实施多元化教学手段的重要环节，教师要创设条件，促进师生、学生与学生之间的积极互动和交流。这不仅有助于学生理解和内化知识，还能培养学生的表达能力、合作精神等。教师要注重引导和点拨，让互动过程富有价值和启发性。多元化教学手段虽然增强了课堂互动和趣味性，但教师仍需合理把控课堂秩序和节奏，避免课堂过于散漫导致教学效率低下。教师要合理控制节奏，精心安排活动，并精准把控时间，在营造良好的学习氛围的同时，确保各环节有条不紊地开展。

（三）学生参与与反馈

学生是语文课堂的主体，实施多元化教学手段的根本目的是培养学生核心素养，因此，必须重视学生的主动参与和反馈意见。

多元化教学手段本身就具有一定的趣味性和互动性，能激发学生主动参与的热情，但教师还需进一步设计活动形式，调动学生参与的积极性，培养其主动探究和实践的意识。如安排游戏化的学习任务、小组合作项目等，使学生在参与中获得乐趣。在教学过程中，教师要主动听取学生的反馈意见，了解学生对不同教学手段和活动的感受，分析存在的不足，及时做出调整和改进，使其最大限度地契合学生的实际学习需求。

（四）教师专业发展

实施多元化的语文教学手段，不仅给学生的学习方式带来新的挑战，对教师的教学能力同样提出了更高要求。教师想要更好地进行语文多元化教学，就必须不断提升自身专业素养。

教师要努力提高运用多元化教学手段的能力，掌握多种教学策略和方法技巧，学会科学合理地将各种教学手段整合并运用于教学之中。这就需要教师主动学习、钻研相关的教育理论和教学技能。教育主管部门和学校可定期组织一些多元化教学手段的专题培训，邀请专家学者或资深一线教师开展讲座研讨，帮助更多教师系统掌握多元化教学的理念、策略和方法。同时也要鼓励教师积极参加各种课题研究，自主开展教学实践探索。教师之间也要积极开展经验分享与交流，形成同课异构的良性机制。在教研组活动、说课活动等场合，语文教师可以互相分享在使用多元化教学手段过程中的实践体会与心得，集思广益，共同提高，并将优秀的教学案例加以总结推广，为其他教师提供参考借鉴。

总之，实施多元化教学手段需要良好的教学设计、科学的课堂组织、充分的学生参与和教师的不断专业成长等多方面的共同努力。只有通过理论与实践的有机结合，多元化教学手段才能在语文课堂上发挥最佳效能，真正促进学生语文核心素养的形成与发展。

第四章 中学语文教学资源建设与利用

第一节 语文教学资源的整合与开发

一、语文教学资源整合的意义与目标

（一）整合教学资源的意义

1. 提升教学资源利用效率

在中学语文教学过程中，教学资源的利用效率直接影响到教学质量和学生的学习效果。传统的教学资源主要依赖于教材和教师自身的经验，这些资源相对单一，无法充分满足现代教育的多样化需求。通过整合多种教学资源，可以最大化地利用现有教学资源，使得教学资源的使用更加科学合理，从而提高教学效率。

整合教学资源可以避免教学资源的重复建设和浪费。不同学校、不同教师之间存在教学资源共享的可能，通过教学资源整合，可以将不同来源的教学资源进行统一管理和分配，减少不必要的重复建设。例如，优秀的教学课件、视频资料、习题库等可以在全校乃至全区范围内共享使用，使更多的学生受益。

教学资源整合有助于实现教学资源的最优化配置。在传统的教学模式下，教师在备课时往往需要花费大量时间和精力搜集和整理资料，而通过整合不同类型的教学资源，可以为教师提供更加丰富和优质的教学素材，减轻教师的备课负担，使教师能够将更多的精力投入教学研究和学生辅导中，从而提升整体的教学水平。

2. 丰富教学内容与手段

语文教学不仅是知识的传授，更重要的是培养学生的语言能力、思维能力和人文素养。丰富的教学内容和多样化的教学手段是实现这一目标的重要保障。通

过整合各类教学资源，可以为语文教学注入新的活力，丰富教学内容和手段，提升学生的学习兴趣和学习效果。

语文教学不仅包括课本中的内容，还应涵盖更多的课外阅读材料。这些丰富的教学资源可以拓展学生的知识面，开阔他们的视野，增强他们对语文学科的兴趣和理解。例如，通过引入经典文学作品，可以让学生在不同的文本类型中感受到语言的魅力，增强他们的阅读鉴赏能力。在传统的语文课堂教学中，教师主要依赖于板书和讲解，教学手段相对单一。通过整合多媒体资源、信息技术资源等，可以使教学手段更加多样化和生动化。例如，利用多媒体课件展示图片、视频，能够生动地再现文本中的情境；利用网络资源进行在线讨论和交流，能够增强师生互动；利用信息技术手段制作互动式练习题，能够提升学生的学习体验。

3. 提升教学效果与学习体验

教学资源的整合不仅可以丰富教学内容和手段，还能够显著提升教学效果和学生的学习体验。通过科学有效地整合教学资源，教师可以设计更加合理的教学方案，学生也能够获得更好的学习支持和体验。

通过系统化、科学化的教学资源整合，教师可以更加精准地设计教学活动和环节，针对不同的教学目标选择合适的教学资源，从而提升教学的针对性和有效性。例如，在讲解一篇文学作品时，可以通过整合相关的背景资料、作者生平、文学评论等，帮助学生更好地理解作品的内涵和价值；在进行语法教学时，可以通过整合各种语法练习题和语法知识点讲解视频，帮助学生更系统地掌握语法知识。多样化的学习资源和个性化的学习支持，使学生可以根据自己的兴趣和需求选择适合自己的学习方式和内容，增强学习的自主性和积极性。例如，针对不同学习水平的学生，可以为他们提供不同难度的阅读材料和练习题，以满足他们的个性化学习需求；针对有兴趣深入学习某一主题的学生，可以为其提供相关的延伸阅读和研究资料，激发他们的学习兴趣和探究精神。

（二）整合资源的目标

1. 构建多元化教学资源体系

在现代教育理念的指导下，构建一个多元化的教学资源体系是实现优质教育的重要目标。中学语文教学资源的整合，旨在通过科学合理的规划和管理，构建一个涵盖多种教学资源类型和内容的多元化教学资源体系，以满足不同的教学需求和学习需求。

多元化教学资源体系应包括课内教学资源和课外教学资源。课内教学资源主要指教材、教参、习题集等传统教学资源，而课外教学资源则包括各种课外阅读材料、音视频资源、网络资源等。通过整合课内外教学资源，可以为教师提供更加丰富的教学素材，帮助学生在课堂内外获得更加全面和深入的学习体验。

除了传统的文本资源，多元化教学资源体系还包括多媒体资源、信息技术资源、实践活动资源等。多媒体资源如图片、视频、音频等，可以增强教学的直观性和生动性；信息技术资源如电子课件、在线学习平台等，可以提高教学的互动性和灵活性；实践活动资源如课外实践活动、社会调查等，可以培养学生的实践能力和创新精神。

2. 提供个性化学习支持

在教育教学中，个性化学习支持是满足学生多样化学习需求的重要手段。通过整合教学资源，可以为学生提供更加个性化的学习支持，帮助他们根据自己的兴趣和需求选择适合自己的学习内容和方式，提升学习效果。

每个学生都有自己的兴趣和特长，通过整合多种类型和内容的教学资源，可以满足学生的个性化学习需求。例如，对于喜欢文学的学生，可以为其提供更多的文学作品和文学评论；对于喜欢写作的学生，可以为其提供更多的写作素材和写作指导；对于需要加强基础知识的学生，可以为其提供更多的基础练习题和知识点讲解视频。通过利用信息技术和多媒体资源，能够为学生提供更加灵活和多样的学习方式。例如，可以通过在线学习平台为学生提供个性化的学习路径和学习计划，通过互动式练习题和在线测试为学生提供个性化的练习和反馈，通过在线讨论和交流为学生提供个性化的学习支持和辅导。

3. 支持教师专业发展

教师的专业发展是提升教学质量和教育水平的重要保障。通过整合教学资源，可以为教师提供更加丰富和优质的教学素材和学习资源，支持他们的专业发展，提升他们的教学水平。

教师在教学过程中需要不断更新和丰富自己的教学内容，通过整合各类优质教学资源，可以为教师提供丰富的教学素材并教学案例，帮助他们设计更加科学合理的教学方案。例如，通过整合优秀的教学课件、教学视频、教学案例等教学资源，教师可以借鉴和学习他人的教学经验和方法，从而不断优化和改进自己的教学。教师的专业发展不仅依赖于教学实践，还需要不断学习和更新教育理论和教学方法。通过整合教育学、心理学、教学法等方面的优质资源，可以为教师提供系统的专业学习和培训，帮助他们不断提升自己的专业素养和教学水平。例如，通过在线学习平台提供教育理论课程、教学方法培训等，可以帮助教师系统学习并掌握最新的教育理念和教学方法；通过组织教学研讨会和交流活动，可以为教师提供交流和分享经验的平台，促进他们的专业发展。

二、语文教学资源的整合与开发

（一）传统教学资源

1. 经典文学作品与古代典籍

学习中国古代经典文学作品和古代典籍中的经典部分不仅是中学语文的学习要求，更是当代中学生继承并弘扬中华传统文化的重要途径。教师应当对古代经典文学作品与古代典籍资源进行整合，并选取其中的精粹部分作为语文教学内容，使学生了解中国古代社会生活、思想观念和审美情趣，培养学生对中华优秀传统文化的认同感和自豪感。

教师应选择具有代表性的中国古代经典文学作品，如《诗经》《楚辞》《红楼梦》《西游记》等，不仅要涵盖古代诗词、散文、小说等多种文学体裁，还要注重其文学价值和文化内涵。设定明确的教学目标，运用多种教学方法，如课文朗读、角色扮演、小组讨论、情境模拟等，让学生深入理解作品内容，体会中国古代经典文学作品的魅力。教师可以在教学过程中加入对作品文化背景的介绍，如作者生平、创作背景、历史背景等，帮助学生更好地理解作品。还可以设计互动式学习活动，如文学作品赏析比赛、古诗词背诵比赛、文学作品创作等，激发学生的学习兴趣和参与热情。

教师应选择重要的古代典籍，如《论语》《孟子》《道德经》《史记》等，确保这些典籍能够涵盖中国古代社会的政治、经济、文化和哲学思想等各个方面。并根据学生所处的年级和理解能力，进行分层次教学。例如，可以为低年级的学生选择浅显易懂的篇章进行教学，而为高年级的学生选择深奥的篇章进行深入探讨。通过对这些典籍的学习，能够培养学生的古文阅读和理解能力，通过讲解文言文中的常用词汇、句式和修辞手法，能够帮助学生掌握古文基础。通过引导学生思考典籍中的哲学思想和道德观念，并结合现代社会进行讨论，能够培养学生独立思考的能力和批判精神。通过组织学生进行相关实践活动，如经典诵读比赛、古文写作比赛、古代文化知识竞赛等，能够增强学生的参与感和成就感。

2. 教材教辅资料的开发

中学语文教材的编写要科学合理，内容要涵盖语文学科的基本知识和技能，包括阅读、写作、听说等方面。还要确保教材内容的系统性和连贯性，使其能够帮助学生逐步提升语文能力。在教材中加入丰富的课文、经典作品选读、文化背景介绍、语言知识讲解等内容，能够帮助学生全面提升语文素养。设计实用性强的练习和活动，如阅读理解题、写作训练、口语表达练习等，能够帮助学生巩固所学知识，提高实际应用能力。

开发多种形式的练习册和习题集，包括基础练习、提升练习和综合练习等，能够帮助学生逐步提高语文能力。编写内容翔实、讲解清晰的辅导书，并提供详细的知识点解析、例题讲解和练习答案，能够帮助学生更好地理解和掌握知识。为教师编写详细的教师用书，包括教学目标、教学重难点、教学方法建议、课堂活动设计等，能够帮助教师更好地组织和实施教学。而为教师提供丰富的教学参考资料，如教学案例、教学视频、课件等，能够帮助教师提高教学质量和效果。

3.课外读物与文学资料库的开发

根据不同年级和学生兴趣，可以选择各种不同类型的适合学生阅读的文学作品、科普读物和历史书籍等，并通过为学生整理推荐书单、制订阅读计划、优化阅读方法等方式帮助学生养成良好的阅读习惯。通过组织各种阅读活动，如读书会、读书笔记比赛、读书分享会等，激发学生的阅读兴趣，提升阅读能力。

可以开发一个系统化的在线文学资料库平台，涵盖各类文学作品、文学评论、作者介绍等资料，为教师和学生提供丰富的参考资源。平台应具备强大的检索功能，并支持多种格式的文档、音频和视频资料的上传和分享。平台还应定期更新文学资料库的内容，确保资料的时效性和丰富性。并安排专人负责资料库的维护和管理，保障其正常运行。教师可以在教学中使用文学资料库，设计生动有趣的教学活动，提高学生的学习兴趣和效果。例如，利用资料库中的经典作品片段进行课堂讨论和作品赏析等。

通过对传统教学资源的深入开发，可以充分利用经典文学作品、古代典籍、教材教辅资料、课外读物和文学资料库，提升语文教学的效果，培养学生的语言能力、思维能力和人文素养。

（二）数字化教学资源

1.数字课件

教师在制作数字课件时应充分利用多媒体技术，将文本、图片、音频、视频等多种教学资源相结合，使教学内容更加直观、生动。例如，在讲解古诗词时，可以通过视频展示古诗词的创作背景、作者生平和创作环境，让学生更好地体会诗词的意境和思想内涵。数字课件的设计应遵循简洁、明了、互动性强的原则。课件内容应条理清晰、重点突出，易于学生理解和记忆。同时，应加入适当的互动环节，如练习题、讨论题、模拟测试等，增强学生的参与感。教师还应根据教学反馈和学生需求，不断完善和改进课件内容，为学生提供最新、最有效的学习资源。

2. 数字图书馆

数字图书馆的建设首先需要整合各类资源，包括电子书籍、期刊论文、学术报告、研究资料等，并根据学科、主题、作者等进行分类。数字图书馆应具备强大的检索功能，支持多种检索方式，如关键词检索、全文检索、分类检索等，帮助用户快速找到所需资料。同时，还应提供检索结果的筛选和排序功能，提高检索效率。数字图书馆应设置用户管理系统，根据不同用户（教师、学生、研究人员等）的需求，设置相应的访问权限和功能，确保资源的合理使用和管理。数字图书馆应安排专人负责资源的整理、审核和上传，保证资料的质量和准确性，并定期更新和维护数字图书馆资源，确保资源的及时性和丰富性。数字图书馆还应与其他教育机构、图书馆、出版社等建立合作关系，共享资源，丰富馆藏内容，为用户提供更多优质资源。

3. 电子书籍

教师应选择适合学生阅读的电子书籍，包括文学作品、教辅资料、科普读物等，确保书籍的趣味性和可读性。电子书籍应采用标准化的格式，如 EPUB、PDF 等，确保其在各种电子设备上均能良好显示。同时，应优化电子书籍的阅读体验，如可以调节字体大小、设置书签功能和批注功能等，提升阅读的便利性。还可以在电子书籍中加入多媒体元素，如图片、音频、视频等，增强阅读的互动性和趣味性。例如，在阅读文学作品时，可以插入相关的历史图片、名家朗诵音频或影视改编片段，帮助学生更好地理解和欣赏作品。电子书籍应支持在线阅读和下载功能，学生可以根据需要选择适合的阅读方式。同时，电子书籍的开发应注意版权保护，确保所有书籍的合法授权。可以通过数字版权管理技术对电子书籍进行加密保护，防止非法复制和传播，并且应明确用户使用权限，保障作者和出版者的合法权益。

4. 教育应用软件

教育应用软件的开发应注重功能设计和用户体验。软件应具备词典查询、阅读练习、作文批改等多种功能，以满足学生的学习需求。同时，软件的界面设计应简洁美观，操作简单易懂，以提高学生的使用体验。教育应用软件应注重开发互动功能，如在线讨论、实时答疑、互动练习等。通过这些功能，学生可以与教师和同学进行交流，解决学习中的疑问，增强学习的互动性和趣味性。软件应具备个性化学习推荐功能，根据学生的学习情况和兴趣，为学生推荐适合的学习内容和资源。通过数据分析，了解学生的学习习惯和需求，为学生提供个性化的学习方案，从而提升学习效果。软件还应开发实时监测和反馈功能，通过监测学生的学习进度和表现，为教师提供教学反馈，帮助教师调整教学策略。同时也可以为学生提供学习反馈，帮助学生了解自己的学习情况，从而及时改进学习方法。教育应用软件应支持多平台使用，如手机、平板电脑、电脑等，确保学生可以随时随地进行学习。同时，应提供云端同步功能，方便学生在不同设备间自由切换，保持学习进度的一致性。

（三）跨学科资源

1. 艺术作品与文化资料

艺术作品和文化资料作为语文教学的重要资源，能够丰富学生的文化知识和艺术素养，增强他们对文学作品的理解和欣赏能力。

艺术作品包括绘画、音乐、戏剧、电影等多种形式，它们不仅具有独特的艺术价值，还反映了不同历史时期的社会风貌和文化背景。通过引入这些艺术作品，可以使语文教学内容更加丰富和生动，从而增强学生的学习兴趣和审美能力。例如，在讲解唐诗宋词时，教师可以结合相关的绘画作品，展示诗歌所描绘的景色和意境，帮助学生更好地理解诗歌的美学内涵。在学习现代文学作品时，教师可以播放根据小说改编的电影或电视剧片段，增强学生对故事情节和人物形象的感知。

文化资料包括历史文献、民俗资料、非物质文化遗产等，这些资料不仅有助于学生了解中华文化的丰富内涵，还能增强他们的文化认同和文化自信。通过整合这些文化资料，教师可以设计系列课程和主题活动。例如，可以开展"古代文人的生活与文化""中国传统节日与习俗"等主题活动，让学生深入了解不同历史时期的社会生活和文化习俗。在教学过程中，教师可以利用历史文献和民俗资料，介绍重要的历史事件和传统节日，帮助学生对中华文化的全面认识。

2. 科学知识与技术应用

语文教学可以与科学知识和技术应用相结合，培养学生的跨学科思维和综合能力。通过引入科学知识和技术应用，可以拓展学生的知识面，增强他们的思维能力和创新精神。

科学知识包括自然科学和社会科学的各种知识，通过引入这些知识，可以使语文教学内容更加多样化。例如，在讲解文学作品时，可以结合相关的历史、地理、科技等知识，使学生对作品有更加全面和深入的理解。在学习科幻小说时，教师可以介绍相关的科学原理和技术背景，帮助学生理解作品中的科学设定和技术描写。在写作训练中，教师可以鼓励学生结合科学知识，进行科普文章和科技评论的写作，培养他们的逻辑思维和论证能力。

技术应用包括信息技术、工程技术等，通过这些技术的引入，可以提高学生的实践能力和解决问题的能力。例如，可以利用信息技术进行网络教学和在线交流，利用工程技术进行项目的设计和实施，增强学生的动手能力和创新意识。教师可以设计跨学科的教学活动和项目，例如，"文学作品中的科技元素探究""科技进步对文学创作的影响"等，帮助学生拓展知识面，增强他们的跨学科思维和创新能力。在这些活动中，学生不仅可以学习到语文学科的知识，还可以接触到最新的科技发展和应用，增强他们对科学技术的兴趣和理解。

3. 社会实践与实地考察

社会实践和实地考察是语文教学的重要组成部分，通过这些活动，可以培养学生的实践能力和社会责任感，增强他们对现实社会的理解和参与意识。

社会实践包括各种形式的社会调查、志愿服务、社区活动等，通过社会实践，可以增强学生的社会认知和参与能力。例如，学生可以进行文学作品的社会调查，了解不同人群的阅读习惯和文学喜好，增强他们对社会文化的理解和感悟。

在社区活动中，学生可以参与文化宣传和志愿服务，传播和弘扬中华优秀传统文化。例如，组织学生到社区开展经典诵读活动，向居民宣传中国传统文学作品和文化知识，增强他们的社会责任感和文化自豪感。

实地考察包括参观博物馆、历史遗址、文化景区等，通过实地考察，可以增强学生对文化的感知和体验。例如，教师可以组织学生参观博物馆，了解文物背后的历史故事和文化背景；可以考察历史遗址，感受古代文明的辉煌和魅力；可以游览文化景区，体验当地的风土人情和文化传统。通过这些实地考察活动，学生可以将课堂上学到的知识与现实生活相结合，增强自己的学习体验和感悟。

三、语文教学资源的整合与开发策略

（一）建立资源库与平台

建立资源库与平台是推动语文教学资源整合与开发的一项重要举措，它能够为教师和学生提供丰富多样的教学资源和学习环境，促进教学内容的传播和学习效果的提升。在当今数字化时代，教育信息化已成为教育改革的重要方向之一，

而构建资源库与平台正是这一趋势下的重要体现。

1. 构建教学资源数据库

构建教学资源数据库需要进行资源的广泛收集和系统整理。数据库中应包含传统文学作品、教材教辅资料、课外读物、数字化资源等多种类型的资源。教师可以通过网络搜索、图书馆查询、订阅学术期刊等途径获取相关资源，并进行数字化处理和分类整理。教师可以将收集的教学资源按照文学类型、年级学段、教学内容等方面进行分类，建立相应的文件夹或标签，进行归档存储。教育机构可以成立专门的资源管理团队，对教学资源数据库中的资源进行定期更新和维护，并对资源进行质量检查和审核，确保资源的准确性和时效性。

2. 开发在线教学平台

针对中学语文教学的特点和需求，开发在线教学平台需要设计相应的功能模块。功能模块应包括课程发布与管理、资源共享与下载、互动交流与讨论、数据分析与反馈等。这些功能可以满足教师和学生在教学过程中的各种需求，能够提高教学效率和学习体验。

在线教学平台的开发需要专业的技术支持和测试。教育机构可以委托专业的软件开发公司进行平台的开发，以确保平台的稳定性和安全性。同时，还需要进行多轮的测试和调试，确保平台的功能完备和用户体验流畅。开发完成的在线教学平台需要得到广大教师和学生的认可。因此，教育机构可以开展相应的培训和推广活动，向教师和学生介绍平台的功能和使用方法，提高他们的使用积极性和满意度。

3. 建立资源共享网络

为了促进资源的共建共享，需要建立规范的资源共享机制。教育机构可以制订相关的规定，明确资源的共享范围和条件，鼓励教师和学生积极参与资源的共享和合作。建立资源共享网络需要建立相应的平台和管理机制。可以利用现有的在线教学平台，设立专门的资源共享区域，供教师和学生上传和下载资源。同时，还需要建立专门的管理团队，负责资源的审核和管理，保证资源的质量和版权。为了鼓励教师和学生积极参与资源共享，可以设立相应的激励机制。例如，可以给予资源上传者一定的奖励或荣誉，鼓励他们分享自己的优质资源。这样既可以促进资源的积累和更新，也可以提高教师和学生的参与积极性。

在促进教学资源共享的过程中，教育机构需要充分发挥其组织和引领作用，加强与各方的合作和沟通，形成合力，共同推动建立语文教学资源共享网络，为语文教育的改革和发展提供有力支撑。

（二）优化资源开发流程

制订资源开发标准与流程是优化资源开发中至关重要的一环。资源开发的标准和要求，应包括内容的准确性、适用性、可靠性等。资源开发的流程和步骤，则应确保每个环节都得到充分的考虑和落实。例如，确定资源开发的主题和范围，进行资料搜集和整理，编写教案或制作课件，最终进行评估和修订。明确资源开发的流程可以有效提高资源开发的效率和质量。

教师是资源开发的主体和直接受益者，他们对于教学内容和教学需求有着深刻的理解和丰富的实践经验。因此，应该积极鼓励教师参与资源开发，发挥他们的专业优势和创造力。可以通过组织资源开发培训和研讨会，设立资源开发奖励制度等方式，激励教师参与资源开发，并提供必要的支持和指导。

资源开发不仅需要考虑内容的质量，还需要充分考虑教学效果和学生反馈。因此，应建立健全的资源评估机制，包括内部评审和外部评估。内部评审可以由本校的学科组或专家组负责，对资源进行专业评价和意见反馈；外部评估可以邀请其他学校或教育机构的业内人士进行评估，以获取更客观的评价和建议。同时，还应建立资源管理体系，确保资源的及时更新和有效利用，防止资源的重复开发和浪费。

（三）推动跨学科融合

推动跨学科融合是丰富语文教学内容、提升学生综合素养的重要举措之一。可以通过开展跨学科教研与合作、联合其他学科共建资源以及设计跨学科教学活动等方式来实现跨学科融合。

通过建立跨学科教研小组，邀请来自不同学科的教师共同探讨教学内容和方法，可以促进跨学科思维创新和交流。例如，语文教师可以与历史、地理、艺术等学科的教师合作，共同研究中国古代文学与历史的关系，设计跨学科教学活动，提升学生的学习效果和综合素养。通过跨学科的资源共享和协作，可以充分利用各学科的优势和资源，为学生提供更丰富多彩的学习体验。例如，语文教师可以与科学教师合作，设计关于科技发展对文学创作影响的课程，引导学生探讨科学与文学的交叉点。通过结合不同学科的内容和方法，设计跨学科的综合性学习任务和项目，能够激发学生的学习兴趣和创造力。例如，可以开展以文学作品为载体的跨学科研究项目，让学生通过阅读文学作品，了解历史、地理、科学等多个学科的知识，培养他们的综合素养和批判思维能力。

第二节　多媒体技术在语文教学中的应用

一、多媒体技术在语文教学中的重要性

（一）多媒体技术的优势

随着信息技术的飞速发展，多媒体技术为教育领域带来了前所未有的变革。它不仅丰富了教学手段，还增强了课堂互动，提高了学生的学习兴趣，显著提升了教学效果。

传统的语文教学主要依赖于教材和教师的灌输式教学，这种单一的教学手段难以全面激发学生的学习兴趣和积极性。而多媒体技术的引入，为语文教学提供了丰富的教学手段。通过计算机、投影仪、电子白板等设备，教师可以展示图片、音频、视频、动画等多种形式的教学资源。比如，在讲解古诗词时，教师可以配以相关的图片和音乐，帮助学生更好地理解诗词的意境和情感表达。此外，多媒体技术还可以将文本、图像、声音、视频等多种信息有机结合，使教学内容更加生动、直观和具体，帮助学生更好地理解和掌握知识。

多媒体技术不仅可以丰富教学内容，还能增强课堂互动。传统的课堂互动主要依靠师生之间的问答交流，而多媒体技术则可以通过互动课件、在线讨论、实时反馈等方式，增强师生之间、学生与学生之间的互动。例如，教师可以利用互动白板设计一些课堂活动，如投票、答题、互动游戏等，激发学生的参与热情。学生可以通过点击、拖动等操作，参与到课堂活动中来，这些活动极大增强了学习的趣味性和互动性。此外，在线讨论区、即时通信工具等也可以帮助学生在课后继续进行交流和讨论，从而深化学习效果。

多媒体技术的多样化和互动性极大地提高了学生的学习兴趣。有研究表明，学生在学习过程中如果能获得多种感官刺激，其学习效果就会得到显著提升。多媒体技术通过图文并茂、声像结合的方式，能够有效吸引学生的注意力，激发他们的学习兴趣。例如，教师在讲解《孔乙己》时，可以播放相关的电视剧片段，展示书中人物的形象和情节发展，使学生对作品产生浓厚的兴趣。同时，通过多媒体技术，学生可以自主选择感兴趣的内容进行学习，满足他们的个性化学习需求，进一步提升学生学习的积极性和主动性。

（二）应用多媒体技术的意义

多媒体技术的应用，可以显著提升语文教学的效果。首先，多媒体技术能够提供丰富的教学资源和教学手段，使教学内容更加生动、具体和直观，从而帮助学生更好地理解和掌握知识。例如，教师在讲解《史记》时，可以播放历史纪录片和展示相关图片资料，让学生直观地感受到历史事件和人物的真实面貌，增强学习的效果。其次，多媒体技术可以通过模拟和演示复杂的知识和过程，帮助学生更好地理解抽象和难懂的内容。例如，教师在讲解语法规则时，可以利用动画演示句子结构的变化过程，使学生更容易理解和掌握。此外，多媒体技术还可以通过提供即时反馈和评价，帮助教师及时了解学生的学习情况，进行有针对性的教学调整和辅导，提高教学的针对性和有效性。

多媒体技术的应用，为个性化学习提供了有力支持。传统的课堂教学模式难以满足每个学生的个性化学习需求，而多媒体技术通过提供丰富的学习资源和灵活的学习方式，能够满足学生的个性化学习需求。例如，教师可以利用多媒体技术设计个性化的学习任务和活动，根据学生的兴趣和能力水平，提供不同内容和难度的学习材料和任务，以满足学生的个性化学习需求。此外，多媒体技术还可以通过提供在线学习平台和移动学习应用，帮助学生在课外进行自主学习和复习，增强学习的灵活性和自主性。例如，学生可以利用手机和平板电脑，通过在线学习平台观看教学视频、完成在线作业、参加在线讨论等，自主安排学习时间和进度，提高学习的效率和效果。

在信息化社会中，信息技术的应用已成为各行各业的基本要求。在语文教学中应用多媒体技术，不仅可以提升教学效果，还可以帮助学生掌握信息技术的基本技能，从而适应信息化社会的需求。例如，学生在使用多媒体技术进行学习的过程中，可以学习和掌握计算机操作、信息检索、电子文档处理等基本技能，提高信息素养和技术应用能力。此外，多媒体技术的应用还可以帮助学生培养自主学习、合作学习和创新思维等能力，增强其适应未来社会生活的综合素质。

二、多媒体技术在语文教学中的具体应用

多媒体技术在语文教学中的应用范围广泛，不仅丰富了教学手段，还极大地提升了教学效果和学生的学习体验。

（一）课件制作与应用

多媒体课件的设计与制作是语文教学中多媒体技术应用的基础环节。优秀的

多媒体课件能够将文字、图片、音频、视频、动画等多种元素有机结合，形成一个生动、直观、易于理解的教学内容载体。在设计课件时，教师首先需要明确教学目标和内容，根据教学大纲和教材选择合适的教学资源，并进行合理的排版和设计。例如，在讲解《三国演义》时，教师可以通过课件展示主要人物关系图、经典片段的视频剪辑以及相关的评论和分析，帮助学生更好地理解小说的情节和人物形象。课件的制作可以借助多种数字软件工具，如 PowerPoint、Prezi、Flash 等。这些数字工具不仅可以制作图文并茂的课件，还可以为课件添加动画效果，使教学内容更加生动。例如，在讲解诗歌时，教师可以通过制作动画效果，逐字逐句地展示诗句解析，让学生通过动态的视觉效果加深对诗歌内容和结构的理解。

动画与视频在语文课件中的应用，可以将静态的文字和图片转化为动态的视觉呈现，增强学生的感官体验。动画可以用来展示文学作品中的情节发展和人物关系，使学生更直观地感受作品的内涵。例如，在讲解《西游记》时，可以利用动画展示孙悟空大闹天宫的情节，让学生更生动地理解故事情节和人物形象。视频则可以用来播放文学作品改编的影视片段、名家朗诵、专家讲座等。例如，在学习《骆驼祥子》时，可以播放同名电影中的经典片段，让学生通过视觉和听觉感受作品的情境，激发他们的学习兴趣。

多媒体课件在语文课堂教学中的使用，可以极大提升教学的效率和效果。教师在课堂上可以通过课件展示教学内容，借助图片、音频、视频、动画等多种媒介，使教学过程更加生动和直观。例如，在讲解文言文时，可以通过课件展示原文、译文、注释、作者简介和背景资料等，让学生全面理解文本内容。教师还可以通过课件进行互动教学，设计一些问题和任务，调动学生的参与积极性。例如，可以在课件中设计一些选择题、填空题等，让学生进行回答，从而及时了解他们的学习情况，并进行有针对性的讲解和辅导。

（二）互动式教学工具

1. 在线讨论平台与学习社区

在线讨论平台与学习社区是多媒体技术在语文教学中的重要应用，能够为师生提供一个互动交流的空间。通过在线讨论平台，学生可以随时随地提出自己的观点和疑问，教师也可以及时进行回复和指导。例如，教师可以在讨论平台上发布一些开放性的问题，如你如何理解《红楼梦》中的贾宝玉形象，学生可以在平台上发表自己的看法，并相互讨论和交流，从而激发他们的思维和表达能力。此外，学习社区还可以为学生提供丰富的学习资源，如电子书、课件、电子习题等，帮助他们进行自主学习和复习。

2. 投票和问卷

投票和问卷可以增强课堂的互动性和参与感。教师可以利用投票和问卷，及时了解学生的学习情况和反馈，调整教学策略和内容。例如，在课堂上，教师可以通过投票工具进行即时的知识点测试，学生通过手机或电脑进行投票，教师可以立即看到投票结果，从而能够根据结果进行进一步的讲解和讨论。此外，教师还可以通过问卷工具，收集学生对课程内容和教学方法的反馈，了解他们的学习需求和困惑，进行有针对性的调整和改进。

3.VR 与 AR 技术

VR 与 AR 技术的应用，为语文教学带来了全新的体验和可能性。通过 VR 技术，学生可以身临其境地感受文学作品中的场景和情节，深入了解故事背景和文化内涵。AR 技术则可以将虚拟信息叠加到现实场景中，增强了学生的学习体验。例如，教师在讲解古诗词时，可以利用 AR 技术展示诗句对应的实景图片或视频，让学生更直观地感受诗词的意境和情感。

（三）数字化阅读与写作平台

电子书与在线阅读平台是多媒体技术在语文教学中的重要应用，能够为学生提供便捷的阅读资源和工具。通过电子书，学生可以随时随地进行阅读，同时还可以进行标注、笔记等操作。在线阅读平台则可以提供更多的功能和资源，如互动阅读、阅读推荐、阅读记录等。例如，教师可以在在线阅读平台上推荐一些适合学生阅读的经典文学作品，如《红楼梦》《西游记》等，学生可以在线阅读和讨论，分享自己的阅读心得和体会。此外，在线阅读平台还可以提供丰富的阅读资源，如文学评论、名家讲解、学习视频等，帮助学生深入理解和分析作品。

数字化写作工具与作文评阅系统可以大大提高学生的写作能力和教师的评阅效率。通过数字化写作工具，学生可以进行作文创作，同时还可以利用数字化写作工具提供的词典、语法检查、写作建议等功能，对作文进行优化、修正，从而提高写作质量和水平。作文评阅系统则可以通过自动化的评估和反馈，帮助教师快速、准确地进行作文评阅。作文评阅系统可以根据设定的评估标准，如内容、结构、语言、表达等，对学生的作文进行评分和点评，及时反馈学生的写作情况，让学生可以了解自己在写作中存在的问题，进行有针对性的修改和优化。

多媒体资源库与语料库是语文教学的重要资源，能够为教师和学生提供丰富的学习材料和参考资料。多媒体资源库收录了各种类型的多媒体资源，如文学作品、教学课件、音视频资料、图片资料等，供教师和学生查阅和使用。语料库则可以提供大量的语言资料和数据，供教师和学生进行语言研究和参考。例如，教师在讲解文言文时，可以利用语料库查找相关的词汇和句式，进行对比和分析，帮助学生更好地理解和掌握文言文的语言特点和规律。此外，语料库还可以提供丰富的例句和用法，帮助学生进行语言学习和写作练习，提高语言应用能力。

（四）教学评估与反馈系统

在线测试与作业提交是多媒体技术在语文教学中的重要应用，能够提高教学评估和反馈的效率和准确性。通过在线测试，教师可以及时了解学生的学习情况和对知识的掌握程度，从而进行有针对性的教学调整和辅导。在线作业提交则可以方便学生随时随地提交作业，教师也可以随时在线批改和反馈，提高了教学的效率和便捷性。

自动化评估与即时反馈是多媒体技术在教学评估中的重要应用，能够大大提高评估的效率和准确性。通过自动化评估系统，教师可以快速、准确地进行测验和考试的评估，了解学生的学习情况和问题。即时反馈则可以帮助学生及时了解自己的学习情况和问题，从而进行有针对性的改进和提升。

学习数据分析与个性化推荐是多媒体技术在教学评估中的重要应用，能够为教师和学生提供有针对性的教学和学习建议。通过学习数据分析，教师可以全面了解学生的学习情况和问题，进行有针对性的教学调整和辅导。个性化推荐则可以根据学生的学习情况和兴趣，提供有针对性的学习资源和建议。例如，系统可以根据学生的学习数据，推荐适合他们阅读和学习的文学作品、课件、视频等，帮助他们进行个性化的学习。

总之，多媒体技术在语文教学中的应用，具有丰富教学手段、增强课堂互动、提高学习兴趣、提升教学效果、支持个性化学习和适应信息化社会需求等多方面的重要意义。通过合理运用多媒体技术，教师可以极大提升语文教学的质量和效果，帮助学生更好地掌握语文学科的知识和技能，培养其综合素质和能力，以适应未来社会的发展需求。

三、多媒体技术在语文教学中的实施策略

在语文教学中有效运用多媒体技术，需要从教师培训与发展、教学设计与实施以及学生参与与互动三个方面入手。这些策略旨在确保多媒体技术能够充分发挥其潜力，切实提高教学效果和学生的学习体验。

（一）教师培训与发展

要成功地在语文教学中应用多媒体技术，首先必须确保教师具备必要的技术技能。学校和教育机构应定期组织多媒体技术使用培训，帮助教师掌握各种多媒体工具和平台的使用方法。这些培训可以包括以下内容：

基础技能培训：如何使用电脑、投影仪、电子白板等基本设备。

软件应用培训：如 PowerPoint、Prezi、Flash 等课件制作软件的使用方法。

在线平台培训：如何使用在线教学平台进行课程发布、学生管理和互动交流。

多媒体资源制作培训：如何制作和编辑图片、音频、视频和动画等多媒体资源。

通过系统的培训，教师能够熟练掌握多媒体技术的应用，从而提升课堂教学的质量和效果。

在掌握多媒体技术后，教师之间的经验分享与交流同样十分重要。学校可以定期组织教学研讨会、经验分享会等活动，鼓励教师分享自己在多媒体教学中的经验和心得。通过交流，教师可以互相学习、借鉴，取长补短，共同提高教学水平。此外，还可以建立线上交流平台，如微信群、QQ 群等，方便教师随时交流和讨论。通过这些平台，教师可以分享多媒体课件、教学案例和教学资源，形成良好的教学氛围和资源共享机制。

为了保障多媒体技术在教学中的顺利实施，学校应提供必要的技术支持和资源保障。包括：

设备保障：确保教室配备必要的多媒体设备，如电脑、投影仪、电子白板等，并定期进行维护和升级。

技术支持：配备专门的技术支持人员，随时为教师提供技术帮助，解决他们在使用多媒体设备时遇到的问题。

资源库建设：建立丰富的多媒体资源库，支持各种教学资源的下载和使用，方便教师进行课件制作和教学设计。

通过以上措施，可以为教师创造良好的技术支持和资源保障，从而确保多媒体教学的顺利进行。

（二）教学设计与实施

在进行多媒体教学设计时，要将多媒体技术与教学内容有机结合。教师应根据教学目标和内容，选择适当的多媒体技术和资源，设计出符合教学需求的多媒体课件和活动。例如，在讲解《水浒传》时，可以通过视频片段展示人物形象和情节发展，通过图片和音频资料介绍小说背景和文化内涵，使学生更全面地理解作品。多媒体技术应作为教学的辅助工具，而非主导工具。教师在设计教学活动时，应合理安排多媒体内容的使用时间和方式，避免过度依赖多媒体技术，喧宾夺主，影响教学效果。

多媒体技术的应用，应注重设计互动式和体验式的教学活动，增强学生的参与感和体验感。教师可以通过多媒体技术，设计各种互动活动，如在线讨论、实时投票、互动游戏等，调动学生的积极性和参与热情。例如，在讲解《诗经》时，教师可以利用互动白板设计一个互动游戏，让学生点击选项，回答有关诗句内容和意境的问题。这样不仅可以增强课堂互动，还可以帮助学生更好地理解和记忆知识。教师还可以设计一些体验式的教学活动，如利用VR技术，让学生"走进"文学作品中的场景，亲身体验作品的情境和情感。例如，在学习《西游记》时，可以利用VR技术，模拟取经之旅的场景，让学生感受故事的冒险和奇幻。

多媒体教学的有效实施，需要教师做好充分的课前准备和课堂实施的协调。其中，课前准备包括：

课件制作：制作符合教学目标和内容的多媒体课件，包括文本、图片、音频、视频、动画等多种元素。

资源准备：收集和整理教学所需的多媒体资源，如文学作品的背景资料、相关的视频和音频资料等。

设备调试：提前检查并调试多媒体设备，确保设备的正常使用，避免课堂中出现技术故障。

在课堂实施时，教师应灵活运用多媒体技术，注重课堂互动和学生参与，根据实际情况进行调整。例如，在课堂上，教师可以根据学生的反应，适时调整课件的展示顺序和内容，增加或减少互动活动，以确保教学效果。

（三）学生参与与互动

多媒体技术在语文教学中的应用，应注重激发学生的主动参与，让他们成为课堂的主体。教师可以通过设计有趣的多媒体活动，吸引学生的注意力，激发他们的学习兴趣和积极性。例如，可以通过多媒体课件展示生动的图片和视频，引导学生进行思考和讨论，鼓励他们发表自己的观点和看法。教师还可以通过互动式的多媒体活动，如实时投票、在线讨论等，调动学生的参与热情，让他们在互动中加深对知识的理解和掌握。例如，在讲解《红楼梦》时，可以通过在线讨论平台，让学生发表自己对小说人物的看法，互相交流，增强学习的趣味性和互动性。

多媒体技术的应用，应注重培养学生的自主学习能力，让他们学会利用多媒体资源进行自主学习和探究。教师可以通过提供丰富的多媒体资源和学习平台，鼓励学生在课外进行自主学习和复习。此外，教师还可以通过在线平台为学生提供个性化的学习建议和指导，帮助学生制订学习计划，培养他们自主学习的能力和习惯。例如，教师可以根据学生的学习进度和兴趣，推荐相关的文学作品、评论文章和研究资料，帮助学生进行深入学习和探究。

多媒体技术的应用，应注重促进学生的合作学习与交流，培养他们的团队合作精神和沟通能力。教师可以通过设计合作学习任务和活动，鼓励学生利用多媒体技术进行小组合作和讨论。例如，教师可以通过在线学习平台，布置《红楼梦》的小组讨论任务，让学生分组进行讨论和交流，分享各自的观点和理解。学生可以通过在线平台进行实时交流和讨论，互相帮助和补充，共同完成学习任务。此外，教师还可以通过多媒体技术，组织学生进行跨班级、跨学校甚至跨地区的交流与合作，拓宽他们的视野和知识面。例如，可以通过视频会议技术，组织不同学校的学生进行《红楼梦》的主题讨论和交流，让学生在交流中学习和成长。教师还可以利用多媒体技术创建虚拟学习社区，让学生在课后也能继续交流和学习。例如，教师可以在社交媒体或在线学习平台上建立课程群组，让学生在群组中分享学习资源、讨论学习问题、反馈学习心得。这种虚拟学习社区不仅可以促进学生之间的交流与合作，还可以增强他们的学习兴趣和参与感，从而提升他们的学习效果。

在未来的语文教学中，多媒体技术将继续发挥重要作用。教师应不断探索和创新多媒体技术的应用方法和策略，不断提升教学水平和教学效果，帮助学生更好地掌握语文学科的知识和技能，培养他们的综合素质和能力，以迎接未来社会的挑战。通过多媒体技术的有效应用，语文教学将变得更加生动、丰富和多样化，学生的学习体验也将更加愉快和充实。

第三节 语文教学资源的有效利用与管理

一、语文教学资源有效利用的重要性

语文教学资源的有效利用直接关系到教学效果的优劣。语文教学资源不仅包括教材和参考书籍,还涵盖了各种多媒体资源、在线学习平台以及课外阅读材料等。有效利用这些资源不仅能够提高教学效率,丰富教学内容,还能够支持学生进行自主学习,为他们的全面发展提供有力的保障。下面将从资源利用的意义和资源管理的目标两个方面,详细阐述语文教学资源有效利用的重要性。

(一)资源有效利用的意义

语文教学资源的有效利用首先体现在提高教学效率上。传统的语文教学多依赖于教师的讲授和学生的被动接受,教学手段较为单一且局限。而通过合理利用丰富的教学资源,教师可以设计出更加灵活、多样的教学方案。例如,利用多媒体课件,可以将枯燥的文本转化为生动的图像、视频和音频,使教学内容更加直观、生动,从而能够增强学生的理解和记忆。同时,在线学习平台和教学软件的应用,可以实现教学过程的自主化智能化,提高课堂教学的效率和效果。例如,教师可以通过在线平台布置作业、进行测试,快速收集和分析学生的学习情况,及时调整教学策略。

语文教学资源的有效利用,还能够极大地丰富教学内容。传统的语文教材内容有限,难以全面覆盖语文学科的知识内容。而通过整合和利用各种外部资源,教师可以为学生提供更为丰富的学习材料。例如,经典文学作品、名人名家演讲视频、文学评论文章、文化专题纪录片等,这些资源不仅能够拓展学生的知识面,还能增强他们对语文知识的兴趣和理解。此外,多样化的资源还可以帮助学生了解不同文化背景下的文学作品,培养他们的文化素养和审美能力。

语文教学资源的有效利用不仅是教师教学的需要,也是学生自主学习的重要手段。现代教育越来越强调学生的自主学习能力,即学生在教师指导下,自主规划和管理自己的学习过程。通过提供丰富的学习资源,学生可以根据自己的兴趣和需要,自主选择学习内容和方式。例如,学生可以通过在线图书馆查阅资料,通过教育应用软件进行课外练习,通过网络课程学习新知识等。这不仅有助于培养学生的自主学习能力和自我管理能力,还能激发他们的学习兴趣和积极性,形成终身学习的意识和习惯。

（二）资源管理的目标

有效的资源管理是资源有效利用的基础和保障。优化资源配置，首先需要对现有资源进行全面的梳理和整合，建立科学的资源分类和管理体系。例如，可以将教学资源分为文本资源、音频资源、视频资源、在线资源等，通过建立资源目录和索引，方便教师和学生查找和使用。同时，还需要根据教学需要和学生需求，不断更新和补充新的资源，确保资源的及时性和适配性。此外，学校和教育机构还可以通过合作共享，实现资源的互补和共享，丰富资源的内容，提高资源的利用率。

教学资源的可持续利用，是资源管理的重要目标之一。为实现这一目标，需要从以下几个方面入手：

资源维护和更新：定期对教学资源进行检查和维护，确保资源的完整性。同时，及时更新资源并淘汰过时的资源，保证资源的时效性和科学性。

资源共享和共同使用：建立资源共享机制，实现资源的共同使用。例如，可以通过建立学校资源库、教育云平台等，实现资源的集中存储和共享访问，提高资源的利用效率。

环境保护和资源节约：在资源的使用过程中，要注重环境保护和资源节约。例如，减少纸质资源的使用，推广电子资源和在线资源的使用，以减少资源浪费和环境污染。

通过这些措施，可以保障教学资源的可持续利用，为教师教学和学生学习提供长期的支持和保障。

资源管理的最终目标是提升教学质量与效果。有效利用丰富的教学资源，可以帮助教师优化教学设计，创新教学方法，提高教学效果。例如，通过引入多媒体资源，教师可以设计更加生动和有趣的课堂活动，激发学生的学习兴趣和参与热情；通过利用在线学习平台，教师可以实施个性化教学，满足学生的不同学习需求，提高教学的针对性和实效性。

同时，丰富的教学资源还可以为教师的专业发展提供有力支持。教师可以通过学习和借鉴优秀的教学资源，不断提高自己的专业素养和教学能力。例如，通过观看其他教师的优秀教学视频，教师可以学习先进的教学方法和理念；通过阅读专业的学术论文和研究报告，教师可以了解最新的教育研究成果和教育发展趋势，从而不断提升自己的专业水平。

语文教学资源的有效利用，对于提高教学效率、丰富教学内容、支持学生自主学习具有重要意义。而有效的资源管理是优化资源配置、保障资源的可持续利用、提升教学质量与效果的基础和保障。通过科学管理和合理利用教学资源，教师可以设计更加灵活和多样的教学方案，丰富教学内容，激发学生的学习兴趣和积极性，支持他们的自主学习和全面发展。同时，丰富的教学资源还可以为教师的专业发展提供有力支持，提升他们的专业素养和教学能力。总之，有效利用和管理教学资源，是提高语文教学质量和效果的重要途径，也是实现教育现代化和信息化的重要保障。

二、语文教学资源的分类与特点

　　语文教学资源可以根据其形式和功能分为传统资源、现代资源和社会资源。这些资源在教学中的应用各具特点，各自发挥着独特的作用。有效地整合和利用这些资源，可以丰富语文教学的内容，提升教学效果，满足学生的多样化学习需求。

（一）传统资源

　　传统资源是语文教学的基础，主要包括课本与教辅资料、文学经典与阅读书目，以及纸质作业与考试资料等。

　　课本是语文教学的核心资源，涵盖了教学大纲规定的基础知识和基本技能。课本的特点是内容系统、结构清晰，便于教师组织教学活动和学生系统的学习。教辅资料则是课本的补充和延伸，包括习题集、练习册、参考书等，这些资料为学生提供了更多练习和巩固的机会，有助于加强他们对课本知识的理解和掌握。文学经典是语文教学中重要的阅读材料，如《红楼梦》《西游记》《水浒传》等古典名著，以及鲁迅、巴金等近现代作家的代表作品。这些经典作品不仅是学生学习语文知识的宝贵资源，也是培养学生人文素养和审美能力的重要途径。阅读书目还包括一些优秀的现代文学作品和当代文学作品，这些作品能够拓展学生的视野，丰富他们的阅读体验。纸质作业和考试资料是检验学生学习效果的重要工具。通过定期的作业和考试，教师可以了解学生的学习情况，发现他们的知识盲点和不足之处，从而有针对性地进行知识补充和强化。纸质作业和考试资料的特点是形式多样、内容丰富，既有基础知识的练习，也有综合能力的考查，能够全面评估学生的学习效果。

（二）现代资源

现代资源是伴随信息技术的发展而出现的，是对传统资源的补充和拓展，主要包括数字化教学平台与课件、多媒体资源与在线学习工具，以及电子书籍与数字图书馆等。

数字化教学平台是现代教育技术的重要组成部分，为教师和学生提供了一个集教学、学习、管理于一体的综合平台。通过数字化教学平台，教师可以发布教学资料、布置作业、进行在线测试，学生可以随时随地访问学习资源，进行自主学习和复习。数字化课件则是教师利用多媒体技术制作的教学材料，包括PPT、视频、动画等，这些数字化课件能够将抽象的知识直观化、生动化，提高语文教学的趣味性和效果。

多媒体资源包括音频、视频、动画、图片等，这些资源能够通过视听结合的方式，增强学生的学习体验和理解能力。例如，在讲解古诗词时，教师可以播放与诗歌相关的背景音乐和视频，帮助学生更好地理解诗歌的意境和情感。在线学习工具如在线字典、翻译工具、语音识别软件等，可以为学生提供便捷的学习支持，帮助他们解决学习中遇到的难题。

电子书籍和数字图书馆是现代阅读资源的重要形式。电子书籍可以通过电子设备随时随地进行阅读，方便快捷；数字图书馆则提供了大量的电子书籍、期刊、论文等学术资源，供教师和学生查阅和下载。这些资源不仅极大丰富了教师的教学内容和学生的阅读材料，也为他们的学术研究和论文写作等提供了有力支持。

（三）社会资源

社会资源是指学校以外的各种资源，包括校外活动与社会实践基地、专家讲座与文化活动，以及合作机构与社区资源等。

校外活动和社会实践基地是学生接触社会、了解社会的重要渠道。例如，组织学生参观博物馆、美术馆、图书馆等文化场所，可以丰富他们的知识，提升他们的文化素养；组织学生参加社会实践活动，如社区服务、企业参观等，可以增强他们的社会责任感和实践能力。这些活动不仅是课堂教学的有益补充，也是学生全面发展的重要环节。

专家讲座和文化活动是拓宽学生视野、丰富他们知识的重要途径。学校可以邀请文学家、语言学家等专家学者来校讲座，介绍文学作品、语言学知识等，让学生了解学术前沿动态，激发他们的学习兴趣和热情。同时，组织学生参加各种文化活动，如文学沙龙、诗歌朗诵会、戏剧表演等，培养他们的审美能力和表达能力。

学校可以与各种社会机构和社区建立合作关系，利用这些社会资源支持教学活动，促进学生发展。例如，与出版社合作，能够获取最新的出版资源；与文化机构合作，能够组织学生参加各种文化活动；与社区组织合作，能够开展社区服务和社会实践活动。这些合作不仅可以丰富学校的教学资源，还可以增强学校与社会的联系，为学生的全面发展提供更多的机会和平台。

语文教学资源的分类与特点，展示了不同类型的教学资源在语文教学中的独特作用和价值。传统资源作为语文教学的基础，为学生提供了系统的知识和技能训练；现代资源作为信息技术发展的产物，丰富了语文教学内容和形式，增强了学习的趣味性和效果；社会资源则拓展了学生的学习空间和实践机会，促进了他们的全面发展。通过有效整合和利用这些资源，教师可以设计出丰富多彩、富有成效的语文教学方案，帮助学生更好地掌握语文学科的知识和技能，培养他们的综合素质和能力。

三、语文教学资源的有效利用策略

语文教学资源的有效利用策略是提高语文教学质量和效果的关键。通过资源整合与优化配置、资源利用的教学设计以及资源利用的创新与拓展，可以充分发挥各种资源的优势，为学生提供更加丰富多样的学习体验和发展机会。

（一）资源整合与优化配置

建立资源共享机制是实现资源有效利用的重要手段。学校可以通过搭建校内教学资源共享平台，实现教学资源的集中管理和共享使用。教师可以将自己制作的课件、教学设计、学习资料等上传到平台，供其他教师参考和使用。同时，学校还可以与其他学校和教育机构合作，共享优质的教学资源。例如，可以通过教育云平台，实现区域内学校之间的教学资源共享，扩大教学资源的覆盖面和影响力。

优化资源配置方案需要根据实际教学需求和学生的学习情况，合理分配和使用教学资源。首先，需要对现有资源进行全面的梳理和分类，明确各类资源的功能和适用范围。其次，需要根据教学计划和教学目标，科学配置资源，确保资源的利用效率。例如，对于重点课程和关键教学环节，可以优先配置优质资源，确保教学效果。最后，需要根据学生的个体差异和不同的学习需求，为他们提供个性化的资源支持，帮助每个学生都能得到充分的发展。

教学资源的有效利用离不开持续的更新和补充。教育教学是一个不断发展的过程，随着新的教学方法、教学内容和教学工具不断涌现，需要定期对教学资源进行更新和补充，以确保教学资源的时效性和适用性。学校可以建立教学资源更新机制，定期组织教师对现有教学资源进行评估和筛选，淘汰过时的资源，并补充新的资源。同时，还可以鼓励教师积极参与教学资源的开发和创新，丰富资源库的内容。

（二）资源利用的教学设计

1. 根据教学目标选用资源

在进行教学设计时，教师应根据教学目标选用适当的教学资源。不同的教学目标需要不同类型的资源来支持。例如，在讲解文学作品时，可以选用经典文学文本、多媒体课件和视频资料等；在进行语言训练时，可以选用语法练习册、听力练习音频等。通过合理选择和利用教学资源，可以提高教学的针对性和实效性，帮助学生更好地理解和掌握所学内容。

2. 资源整合的教学活动

资源整合的教学活动是将多种资源有机结合，形成完整的教学方案。例如，在讲解古诗词时，可以结合文本、图片、音频和视频资源，设计一个综合性的教学活动。首先，通过文本展示和讲解，使学生初步了解诗词的内容；然后，通过播放相关的音频和视频，增强学生对诗词意境的感受；最后，通过图片展示和讨论，加深学生对诗词的理解和记忆。这种资源整合的教学活动，可以丰富课堂内容，增强学生的学习体验和效果。

3. 制订详细的资源利用计划

制订详细的资源利用计划是确保资源有效利用的重要保障。教师在进行教学设计时，应制订详细的资源利用计划，明确每节课需要使用的教学资源、教学资源的使用方式和使用时间等。例如，可以在教学计划中列出每节课需要使用的课件、视频、音频等资源，以及这些资源的具体使用步骤和时间安排。通过详细的资源利用计划，可以确保教学资源的合理配置和高效利用，从而提升教学质量和效果。

（三）资源利用的创新与拓展

随着信息技术的快速发展，新的资源利用模式不断涌现，教师应积极探索和尝试这些新型资源利用模式，以提升教学效果。例如，利用 VR 和 AR 技术，可以为学生提供沉浸式的学习体验，使抽象的知识具体化、直观化；利用大数据分析技术，可以为学生提供个性化的学习建议和反馈，帮助他们更好地进行自主学习和发展。通过探索和应用新型资源利用模式，可以为语文教学注入新的活力。

资源的有效利用不仅需要广泛应用，还需要深入挖掘其潜力。教师应在教学中积极拓展资源的应用广度和深度，使资源发挥最大效用。例如，可以在不同年级、不同学科之间进行资源共享，形成资源的交叉和整合；可以通过专题研究、项目学习等形式，深入挖掘资源的内涵和价值，帮助学生进行深度学习和思考。通过广泛和深入地利用资源，可以使语文教学手段更加丰富，从而更好地实现教学目标。

基于资源的拓展学习活动是资源利用创新的重要形式。教师可以根据教学内容和学生的兴趣，开发各种拓展学习活动，丰富学生的学习体验。例如，可以利用多媒体资源，组织学生进行文学作品的改编和演出，培养他们的创造力和表达能力；可以利用数字化平台，组织学生进行在线合作学习和交流，增强他们的合作意识和团队精神。通过这些拓展学习活动，可以激发学生的学习兴趣和热情，提升他们的学习效果和综合素质。

四、中学语文教学资源管理的方法

中学语文教学资源的管理是确保教学资源有效利用、提高教学效果的关键环节。通过建立资源管理体系和资源使用的监控与评估机制，可以实现对资源的科学管理和合理利用。

（一）资源管理体系的建立

1. 资源管理的组织架构

建立资源管理的组织架构是确保资源管理工作有序进行的基础。学校可以设立专门的资源管理部门或委员会，负责资源的采购、管理和分配工作。在具体实施过程中，可以设立资源管理小组，由教务处、信息化部门、教学管理部门等相关部门的代表组成，负责资源管理的具体实施和协调工作。

2. 资源管理的制度与规范

建立资源管理的制度与规范是规范资源管理行为、确保资源管理效率的重要保障。学校可以制订包括资源采购、存储、分配、利用和报废等方面的规定。例如，明确资源采购的程序和标准，规范资源的分类和编目管理，规定资源的使用权限和范围，建立资源使用的审批和监督制度等。通过建立健全的制度与规范体系，可以规范资源管理行为，提高资源利用效率。

3. 资源管理的信息化建设

信息化建设是提高资源管理效率和水平的重要手段。学校可以建立资源管理的信息化平台，实现资源管理的电子化、网络化和智能化。通过信息化平台，可以实现资源的集中管理、统一调配和动态监控，从而提高资源利用的灵活性和效率。同时，还可以通过信息化平台，实现资源管理的数据化和智能化，实时监控资源使用情况，分析资源利用效果，为资源管理决策提供科学依据。通过信息化建设，可以提升资源管理的水平和效能，为语文教学提供更好的支持和保障。

（二）资源使用的监控与评估

1. 资源使用的过程监控

资源使用的过程监控是确保资源有效利用的重要环节。学校可以建立资源使用的监控机制，对资源的使用情况进行定期监测和跟踪。监控内容包括资源的使用量、使用频次、使用范围等，监控方式可以采用人工巡查和信息化监控相结合的方式。通过对资源使用的过程监控，可以及时发现并解决资源利用时的问题，保障资源的正常使用和合理配置。

2. 资源使用的效果评估

资源使用的效果评估是衡量资源利用效果的重要手段。学校可以通过定期组织资源使用的效果评估工作，对资源的利用效果进行客观评价和分析。评估内容应包括资源使用的实际效果、教学效果、学生反馈等，评估方式可以采用问卷调查、学业成绩分析、教学观摩等多种方法。通过资源使用的效果评估，可以了解资源利用的实际情况和存在的问题，为资源使用的改进和优化提供依据和参考。

3. 资源使用的反馈

资源使用的反馈是确保资源管理工作持续改进和提高的重要环节。学校可以根据资源使用的监控和评估结果，及时开展资源使用的反馈和改进工作。针对资源利用中存在的问题和不足，采取相应的改进措施，包括调整资源配置方案、优化资源使用流程、完善资源管理制度等。同时，还可以借鉴其他学校和单位的成功经验，促进资源管理水平的不断提升。

中学语文教学资源管理是确保语文教学资源有效利用、提高教学效果的关键。通过建立资源管理体系和资源使用的监控与评估机制，可以实现对资源的科学管理和合理利用，为语文教学提供更好的支持和保障。同时，还需要不断探索和创新资源管理的方法和手段，以适应教育教学的新需求和新挑战，不断提升资源管理的水平和效能。

第五章　中学语文课程评估与提升

第一节　语文课程评估的指标体系与方法

一、语文课程评估的意义与目标

评估是教学过程中不可或缺的重要环节，语文课程评估对于检验教学质量、调整教学策略、提高教学效果至关重要。

（一）评估的意义

1. 诊断教学效果

语文课程评估的首要意义在于诊断教学效果。通过评估，教师可以及时了解教学目标的完成进度，发现学生在知识、能力、情感态度等方面的不足和教学中的疏漏，从而有的放矢地调整教学策略，保证教学质量。

2. 促进教师专业发展

课程评估不仅是检视教学成效的途径，也是促进教师专业发展的重要契机。在评估中，教师需要反思自己的教学理念和教学行为，不断总结经验教训，发现个人专业素养中的欠缺并改进，主动更新教育教学观念，掌握先进的教学方法，促进自身职业成长。

3. 提升学生学习效果

评估对学生学习效果的提升也有重要作用。通过评估，学生能清晰认识到自身的学习状况，了解自己在各方面的优缺点，便于及时整改、主动完善自我。与此同时，合理的评估还能增强学生的学习自信心，使其更加积极主动地投入语文学习之中。

（二）评估的目标

语文课程评估的核心目标是检测学生语文核心素养的培养和发展情况，重点关注学生在语文领域的知识和技能、思维品质、学习习惯以及文化理解与人文底蕴等方面的综合表现。评估不应仅仅局限于对知识点的掌握程度进行检测，而是要全面考查学生的语文实践能力和语文素养。

语文课程评估不仅需要评价学生的学习成果，更要对教学过程进行反馈和评判。评估不能只单纯关注结果，还应重视教学实施的各个环节，对教学目标设置、内容编排、教学设计、实施策略等关键环节给予反馈意见，为后续的教学优化提供依据。

基于课程评估的反馈结果，教师需要对语文课程的设计与实施进行相应的改进与完善。比如，如果评估发现学生知识迁移能力不足，教师就需要在知识构建环节加大训练力度；如果评估显示学生审美能力有待加强，教师便需要在课程内容选择上作出调整等。通过不断的评估－反馈－改进，能够使语文课程设计更加科学合理，实施更有针对性。

语文课程评估对于把握教学实际、了解学生学习状况、促进教师专业成长等都具有重要意义；评估目标不仅包括检测学生语文素养，更要对教学过程给予反馈，为后续课程优化提供方向指引。只有建立科学合理的评估机制，注重将评估融入与运用在教学中，语文课程质量才能不断提高，从而培养出更多具备语文核心素养的学生人才。

二、语文课程评估的指标体系

语文课程评估需要建立一套科学合理的指标体系，全面考查学生在语文学习过程中知识、能力、情感态度、实践等各方面的发展状况。一个完善的语文课程评估指标体系应当涵盖以下几个方面的内容：

（一）知识与理解

1. 文学知识掌握情况

文学知识掌握情况是评估语文学科核心知识掌握程度的关键指标。包括对文学作品的理解与分析，如对文学作品主题内涵、思想感情、艺术特色、文学流派等方面的认知和理解，还包括对文学理论知识的掌握，如诗歌、小说、散文、戏剧等不同体裁的基本理论知识。

2. 语言运用能力

语言运用能力是评估语文学习的基础。包括学生对语音、词汇、语法和修辞等语言基本知识和语言规范的掌握，以及是否能熟练运用所学语文知识进行表达。如对声韵母、词语辨析、语法规范的掌握水平，对句式、格式、修辞手法等的理解和运用能力。

3. 阅读理解水平

阅读理解是语文学习的核心技能，评估学生阅读理解能力至关重要。阅读理解能力评估包括对文字材料的理解和分析能力，即从字面、语境、主旨等层面理解阅读内容并做出分析和评价，还包括对图像、符号、数据等非文字信息材料的获取和处理能力。

（二）能力与技能

1. 阅读与鉴赏能力

这是评估学生能否进行深度阅读和赏析的关键指标。包括学生从内容与艺术两个层面鉴赏文学作品的水平，如对主题思想、情节结构、人物刻画、语言表现手法等的理解与赏析，以及对文学作品艺术魅力和人文价值的感受和认识。

2. 写作能力

写作是语文学习的重要实践环节。评估学生的写作能力包括学生是否掌握写作的基础技能，如汉字和标点符号的规范使用；学生是否能熟练掌握记叙、说明、议论等不同体裁文章的写作方法；学生的书面表达是否通顺流畅、生动形象；学生的写作思路是否清晰、文章主旨是否突出等。

3. 口语交际与演讲能力

口语交际是语文学习的核心素养之一，通过评估，教师可以了解学生的口语表达水平。如评估学生在日常交际、话题讨论、正式演讲等场合的表达与沟通能力，重点考查其语言表达的准确性、流畅度和得体程度，以及沟通互动、说服技巧等方面的能力。

（三）情感态度与价值观

1. 文化认同与情感体验

语文学习旨在传承中华优秀传统文化，因此评估体系要重视学生对中华优秀传统文化的认同程度和思想情感。如学生对经典文化作品的理解认同，对中华民族精神的继承与弘扬，对优秀传统文化的认同和热爱程度，以及审美情趣培养等。

2. 社会责任感与公民意识

在语文教学中要注重培养学生的社会责任感和公民意识。学生对社会主义核心价值观的认知、对公平正义的理解，以及实践社会主义核心价值观的自觉性等，都是评估学生社会责任感和公民意识的重要内容。

3. 学习兴趣与自主学习

学生的学习兴趣和自主学习能力也需要被列入评估指标体系。如学生对语文的学习热情和持久性，自主探究问题、主动获取知识的能力，以及自我反思、自我调节的自主学习素养等方面。

（四）综合素质与实践能力

1. 信息素养与媒体素养

信息素养和媒体素养是当今社会不可或缺的关键能力。评估学生的信息素养与媒体素养包括学生在获取、处理、分析、传播信息和媒体内容的能力，如搜集、甄别、加工信息资料，利用现代信息技术进行表达和传播的水平等。

2. 创新能力与批判思维

创新精神和批判性思维是培养学生核心素养的重要内容。评估学生的创新精神和批判思维包括学生运用所学知识分析问题和解决问题的能力，是否具备创新意识和发散思维，是否有独立思考的能力和批判精神。

3. 团队合作与社会实践

团队合作与社会实践能力体现了学生将所学知识和技能运用于实际情况并解决问题的能力。评估学生在团队活动、社会实践过程中的表现，包括团队合作能力、组织协调能力、实践问题解决能力等。

语文课程评估的指标体系必须全面、科学、具体，才能实现对学生语文核心素养的全方位评价。知识、能力、情感态度和综合素质等各个方面都需纳入评估体系，既要重视知识的掌握和能力的养成，也要注重审美情操、文化认同和创新思维的培养，并融入对学习过程、方法和实践活动的考查。只有建立起一套科学合理的评估指标体系，语文课程质量才能得到有效保障，语文核心素养的培养才能落到实处。

三、语文课程评估的方法

（一）形成性评估

形成性评估是指在教学过程中持续不断地开展评价，旨在了解学生的学习过程，及时发现学习中存在的问题，并给予反馈和调整，以促进学生的有效学习。形成性评估注重"以评估促进学习"的理念，通过及时全面的评估，不断改进和完善学生的学习过程。

形成性评估方法包括：

1. 课堂观察与记录

在课堂教学中，教师可以通过观察学生的学习状态、课堂参与度、注意力集中情况等，及时记录下他们的表现。如发现有学生出现走神、模糊不解等状况，可以及时调整教学节奏，采取适当方式解惑释疑。通过课堂观察，教师能够掌握学生学习的实际情况，发现需要改进的地方并立即作出反馈指导。

2. 学生自评与互评

自评和互评有利于培养学生的自我反思和评价能力。例如，在写作实践后，可以安排同学互评环节，让学生相互点评作文水平，交流写作体会；在学习一篇文学作品后，可以组织学生自我评估对该作品的理解程度和赏析水平。通过自评互评，学生能更客观地认识自我，明确有待加强之处。

3. 日常作业与课后练习

布置适量的作业和练习，是检测学生对所学知识掌握和运用情况的有效方式。教师可以根据作业完成质量，分析学生的知识漏洞，并及时作出补充和强化。同时，对于优秀的作业，教师也要适时给予肯定和表扬，以增强学生的学习自信心。

（二）终结性评估

终结性评估是指在一个教学阶段（单元或学期）结束时开展的总结性评价，旨在全面检测该阶段教学目标的实现程度。终结性评估侧重对学习结果的评定，是一种总结性的、纵向的评估方式。终结性评估的主要方法有：

1. 单元测试与期末考试

单元测试和期末考试是评估学生阶段学习学习效果最传统的方式。单元测试旨在检验学生对每个教学单元知识点的掌握程度；期末考试则是针对整个学期所学知识对学生进行综合考查和评估。

2. 标准化测试与水平测验

这类评估方式更加规范科学，具有较强的针对性。如语文等级考试、语文水平测试等，能全面检测学生的语文综合素质及各方面能力水平，测评结果具有较高的参考价值。

3. 综合评估与项目展示

除了纸笔测试，还可以采取综合评估的形式。教师可以布置一些实践性较强的作业，将学生作业的完成过程和最终展示结果一并纳入评估范畴；或者组织学生开展语文实践活动，对学生在活动中的综合表现进行评判。

（三）质性评估

质性评估是一种注重评估对象的整体发展和个体差异的评估方式，强调从质的角度全面把握评估对象的真实状况。质性评估注重连续性、发展性和个性化，旨在对学生学习的全过程进行动态跟踪并评价。质性评估的主要方法包括：

1. 访谈与问卷调查

教师可以通过与学生进行个别或集体访谈，或是让学生填写问卷调查表的方式，了解他们的语文学习状况、学习体会、对课程的意见建议等内容，以更全面准确地把握学生的实际学习水平。访谈和问卷能够获取一些测试难以呈现的内在信息。

2. 学生成长档案

教师可以为每位学生建立个人成长档案，内容包括该生在语文学习中的各方面表现、发展历程、个人特点等，作为长期追踪评价的重要依据。成长档案可以全面呈现学生的发展轨迹，从而为整体评估提供重要依据。

3. 教师反思日志与教学案例分析

教师可以通过记录自我反思日志，思考和总结自己在教学实践和评估策略中的经验；也可以分析优秀的教学案例，思考和对比其中的评估理念和做法。通过这种方式，教师能不断优化自身的评估设计，提高评估质量。

中学语文课程评估需要形成性评估、终结性评估和质性评估有机结合，采用多种评估方式相互印证。既要关注学生学习结果，也要注重学习过程；既要了解学生的整体发展状况，也要关注个体差异。只有建立科学合理的评估体系，采用多元化的评估策略，才能全面准确地掌握学生的实际学习情况，为语文教学质量的持续提升添砖加瓦。

四、语文课程评估的实施步骤

语文课程评估的实施需要按照严格的步骤有序推进，主要包括评估准备、评估实施以及评估反馈与改进三个环节。

（一）评估准备

评估目标是评估工作的出发点和落脚点。语文课程评估的目标应当与课程目标相一致，全面考查学生的知识理解、能力技能、情感态度以及综合素质等方面。根据评估目标，进而确定评估的具体内容范围，包括语文学科的基础知识、核心素养以及语言文字运用、阅读写作交流等各个方面。根据所需评估的内容，选择合理有效的评估工具和方法至关重要。常用的评估工具有测试卷、评分量规、问卷调查表等。评估方法包括笔试、面试、作业评定、课堂观察、自评互评等多种形式。评估工具和方法的选择应该科学严谨、信度效度俱佳，切合实际评估需求。参与评估工作的人员主要包括任课教师、学科带头人、教研人员等。为确保评估工作的专业化和规范化，需要对评估人员进行专门的培训，使其熟悉评估理念、评估方法、评估标准等，并掌握评估数据的分析和利用方式，从而保证评估工作的顺利实施。

（二）评估实施

评估数据的收集需要贯穿整个教学过程，包括日常课堂表现记录、作业习题完成情况、单元测试成绩、期中期末考试分数、实践活动表现等多方面内容。评估人员要全程参与，认真观察并完整记录每位学生的表现数据，为下一步的数据分析做好准备。对所收集的大量原始数据进行科学合理的分析与解读时，可采用定量和定性相结合的方式，从整体和个体两个层面对数据进行深入分析，全面了解学生的学习状况，找出存在的主要问题，以及导致问题的原因。并将评估分析结果及时反馈给相关人员。一方面要向教师反馈，使其了解学生掌握知识的实际情况，从而调整教学策略；另一方面也要向学生反馈，让他们了解自身的优缺点，有利于提升其自我认知水平。

（三）评估反馈与改进

将评估结果反馈给学生时，应采取恰当方式，切忌简单的"评头论足"。可采用面谈、书面反馈等方式，客观说明学生在各方面的表现，并耐心解释其中的原因，指出需要改进的地方，激发学生的内驱力，促进其主动调整学习状态。教师要根据评估反馈的结果，深入反思自身的教学行为，总结经验教训，并提出切实可行的教学改进对策，优化教学设计，创新教学方法，提升教学效能。同时也要学会运用评估数据，因材施教，对学生实施有针对性的辅导与帮助。基于评估结果，课程设计者需要对现有课程方案进行优化完善。如对课程目标、内容设置、教学进度等方面进行适当调整，优化教材编排结构，补充更新教材内容等。通过不断优化课程设计，切实提高课程质量，为促进学生发展服务。

语文课程评估需要遵循科学规范的实施步骤，做好评估准备工作，合理实施评估方案，并及时将评估结果反馈给相关方，促进教师、学生、课程设计者的共同发展和改进。只有将评估工作常态化、制度化、规范化，才能真正发挥语文课程评估的价值，为语文教育事业的持续健康发展注入持久动力。

五、语文课程评估的挑战与对策

语文课程评估是一项复杂的系统工程，在实施过程中不可避免会面临一些挑战和困难。我们需要高度重视这些问题，并采取相应对策，以确保评估工作的科学性、有效性和可操作性。

（一）评估标准的科学性与公正性

评估标准的制订应该建立在科学理论和实证研究的基础之上，避免完全凭个人经验或主观臆断制订标准。可以借鉴国内外评估专家学者的研究成果，并结合本地区的教学实际情况进行适当调整，以确保评估标准的客观性、科学性。在评估过程中，评估者容易受到诸多因素的影响而产生不同程度的主观偏见，如性别、种族、经济地位、个人好恶等，从而影响评估的公平性。因此，需要评估者自我约束，树立正确的评估意识，同时制订明确的评估规范和操作流程，规避主观偏见对评估的影响。另外，单一评估方式往往难以全面反映学生的真实学习状况。因此，需要采用多元化的评估手段相互补充印证，如测试、观察、访谈、自评互评、作品分析等，从而提高评估结果的准确性和全面性，确保评估的公正性。

（二）评估过程的有效性与可操作性

过于烦琐的评估流程会增加教师的工作负担，影响教师对评估工作的积极性。所以，应对评估全过程进行优化，精简不必要的环节，提高工作效率，让教师能够集中精力开展实质性的评估活动。评估工具的编制质量直接关系到评估结果的可信度。在编制过程中，需要多次论证、修订，并进行预测试，综合各方面意见不断完善。同时，还应定期对评估工具进行检查修订，确保其契合最新评估需求。评估结果应该具有较强的指导意义，为教学决策提供依据。对此，需要建立评估数据分析解读的规范流程，让评估者能够有效分析数据，发现问题根源，进而制订相应的改进策略。

（三）评估结果的使用与改进

评估数据只是一种间接反映，并非学生发展的全部。教师在解读数据时，需要结合其他信息进行综合分析，全面准确地把握学生的实际状况，避免过于片面和简单化。针对不同学生的评估结果，教师应该因材施教，为他们制订个性化的教学改进方案，做到有的放矢。评估工作是教师专业发展的重要契机。通过评估反思，教师能够不断总结经验教训，优化自身的教学理念和实践方式。同时，教师之间也应加强合作交流，互相借鉴优秀做法，共同提升语文课程评估的质量水平。

总之，语文课程评估工作面临着一些挑战和困难，教师需要高度重视并采取相应对策，不断完善评估标准和工具，优化评估流程，规范评估操作，促进评估结果的合理利用，以真正发挥评估在语文教学中的指导性作用，为学生的发展和教师的专业成长注入持久动力。

第二节　学生语文素养评价与提升策略

一、学生语文素养评价的重要性

（一）语文素养及评价

1. 语文素养

语文素养是指个体在语文学习和实践过程中逐步形成的知识、能力、情感、态度和价值观的综合体现。它不仅包括对语文基础知识的掌握和语言文字运用的能力，更重要的是培养学生的人文情怀、审美意识、批判思维、创新精神等综合素质。语文素养主要包括以下几个方面：

（1）语言理解与运用能力：包括听、说、读、写等方面的能力。

（2）文学欣赏和人文素养：对文学作品的理解力、评判力及对人文价值的体悟。

（3）学习发展能力：如自主学习、探究实践、信息处理等综合能力。

（4）审美情操和人文品质：对美的认知、审美判断及情操的培养。

（5）思维素质：包括理性思维、批判思维、创新思维等高阶思维能力。

2. 语文素养评价

语文素养评价旨在全面考查学生在语文学习过程中语文素养的形成和发展情况，是语文教学质量的重要检测手段。

（1）有利于准确把握学生的实际学习状况，发现问题所在，为个性化辅导和因材施教提供重要依据。

（2）有利于评价语文课程目标的实现程度，检验课程设置和教学策略的有效性，为优化课程建设提供参考。

（3）有利于培养学生的综合能力和全面发展，引导学生主动学习，树立正确的语文学习观。

（4）有利于促进教师的专业发展，培养教师终身学习和自我反思的意识。

（二）评价对象的确定

1. 学生语文能力的维度划分

学生语文能力可以划分为以下几个维度：

（1）语言理解能力：包括听力理解、阅读理解等。

（2）口语表达能力：涵盖语音语调、言语组织、情境运用等。

（3）书面表达能力：包括写作素养、语词运用、标点符号使用等。

（4）文学欣赏能力：对文学作品内涵与艺术手法的赏析能力。

（5）学习交流能力：包括信息获取、处理、表达、交流等综合能力。

2. 不同年级、不同阶段学生的评价重点

语文素养评价应该根据不同学习阶段的特点，确定不同的评价重点。

（1）小学阶段

重点评价学生的语言理解与运用能力，如识字、读音、朗读、书写、口语交际等基础技能，同时培养学生对语文学习的兴趣和良好品德的形成。

（2）初中阶段

除了语言基础知识和运用能力，还要重视对学生审美情操、人文精神、思维素质等综合素养的评价，促进学生全面发展。

（3）高中阶段

继续深化语文基础技能的训练，同时更加注重思维能力、创新精神、人文情怀等高阶素养的培养，为学生后续的学习和发展奠定坚实基础。

不同年级、不同阶段的评价侧重点虽有不同，但都应该贯穿对"知识、能力、情感、态度、价值观"的培养，促进学生语文素养的整体发展。对此，教师要采取科学合理的评价方式，收集多元化的评价信息，全面了解和评定学生语文素养的发展状况，为学生的个性化发展提供指导与帮助。

二、学生语文素养评价的指标体系

语文素养涵盖了知识、能力、情感、态度、价值观等多个层面，因此，构建一个科学合理的语文素养评价指标体系至关重要。这样不仅能够全面准确地评估学生语文素养的发展状况，还能为学生的个性化发展提供有力指导。一个较为完善的语文素养评价指标体系通常包括以下几个方面：

（一）知识与理解能力评价

1. 词汇量

词汇量是语文学习的基础，评价学生的实际词汇量可以通过词汇测试、阅读理解等多种方式进行。测试内容应涵盖日常用词、成语、俗语及文学作品中常见的词汇，评价学生对词义、词性、词汇用法的掌握程度。

2. 语音、词汇、语法、修辞

语音：评价学生对普通话标准发音的掌握，包括声调、声母、韵母的正确发音及变调规律。

词汇：除了词汇量，还要评价学生对词汇的运用能力，特别是同义词、反义词的辨析与使用，成语的理解与应用等。

语法：包括对词类、句子成分、句型等基础知识的掌握，以及对复杂句的分析与运用。

修辞：评价学生对比喻、夸张、拟人、对仗等修辞手法的理解与运用，并考察其在写作中的实际应用能力。

3. 文学知识

文学家、文学流派、文学作品：评价学生对主要文学家生平及其代表作品的了解，掌握主要文学流派的特征及其代表作品的思想内涵。

中国文学发展历程：考查学生对中国文学史上的重要时期和重要文学运动的了解，以及对各时期代表作家的作品及其思想价值的把握。

外国文学：评价学生对主要外国文学作品及其文化背景、思想内涵的理解和感知水平。

（二）阅读与表达能力评价

1. 阅读能力

语句理解：评价学生对文章中词句的理解能力，包括对复杂句、长句的解析。

文意概括：通过概括段落大意、总结文章主题等方式，考查学生对文章整体内容的把握。

主旨把握：评价学生提炼文章核心思想、主题的能力，特别是对隐含主旨的理解。

鉴赏品评：通过对文学作品的赏析，考查学生的审美情趣和品评能力，特别是对作品语言、结构、情节及思想内涵的鉴赏。

2. 表达能力

标点符号、语句、段落、行文结构：评价学生在写作中对标点符号的正确使用、语句的连贯与通顺、段落的组织及文章结构的合理性。

内容构思、材料运用、语言组织：考查学生在写作中的思维能力，能否有逻辑地组织材料，运用丰富的语言进行表达。

（三）思维与创新能力评价

1. 理解、分析、评判、质疑能力

文本内容理解：评价学生对文本内容的字面及深层含义的理解，能否透过文字深入理解作者的意图。

分析评判：通过分析文本结构、内容及语言，考查学生能否对文本内容进行评判和质疑。

识别问题、辨析观点、进行论证：评价学生在阅读过程中识别问题、辨析不同观点的能力，以及进行论证的水平。

2. 想象力、创造力

创意表达：评价学生在写作中的创新意识，能否突破传统思维，运用想象力进行创作。

文学创作实践：考查学生的创作经历及作品质量，了解其在文学创作中的表现，包括题材选择、情节设计、人物塑造等方面的创作能力。

（四）情感态度与价值观评价

1. 感同身受与思想领悟

人物情节感同身受：评价学生在阅读文学作品时能否对人物的情感、命运产生共鸣，体验作品带来的情感冲击。

思想价值观领悟：考查学生对作品中蕴含的思想和价值观的理解，能否从作品中领悟作者的思想情感及其对现实的思考。

2. 审美情操

评价学生在文学学习中对美的感受和鉴赏能力，包括对语言美、意境美、情感美的体会和评价。

3. 学习态度

热情、兴趣、信心、毅力：通过学生在语文学习中的表现，了解其学习的主动性、积极性及持续学习的动力。

内在学习动机：评价学生对语文学习的内在动机，包括对文学的热爱、对传承中华历史文化的使命感、对语言艺术的追求等。

责任心和执行力：在语文实践活动中，考查学生的责任心和执行力，能否认真负责地完成任务，并在实践中有所收获。

上述各个指标构成了一个相对完整的语文素养评价体系。在具体实施时，教师可以根据不同学段、不同水平的学生，对各项指标的权重和侧重点进行适当调整。

语文素养评价的方式方法也应该多元化，包括笔试、面试、课堂观察、作品分析、自评互评等，全方位收集学生语文素养发展的信息。同时，还要注意评价标准的科学性、客观性，避免流于形式主义，忽视学生个体差异。只有真正做到因材施教和个性化评价，教师才能更好地促进学生语文素养的全面发展。教师不仅要掌握扎实的评价理论知识，还应具备良好的语文专业素养，才能在教学实践中对学生进行科学准确的评价和指导。只有教师不断提升自身语文素养，才能不断提升自己的语文教学水平，从而促进学生的全面发展，使语文素养评价真正发挥其应有的价值和作用。

语文素养评价是一项系统工程。构建科学完善的评价指标体系并付诸实施，是推动语文教学质量持续改进、促进学生个性化发展的重要基石。教师要高度重视、认真对待、不断完善和创新，使语文素养评价真正成为语文教育事业中的基础性工作。

三、学生语文素养提升策略

语文素养是学生在语文学习过程中逐步形成和发展的综合素质，包括知识、能力、情感、态度、价值观等多个层面。提升学生语文素养是语文教育的重中之重，需要通过一系列有效策略来推进落实。

（一）差异化教学策略

学生因其年龄、智力发展和认知能力有所不同，因而在语文基础、学习方式等方面存在着较大的个体差异，在教学中，教师应该采取因材施教的原则，实施差异化教学。具体做法包括合理分组，分层教学；设置不同难度的教学任务；提供多样化的教学资源；运用不同的教学方法策略等。这样才能满足不同学生的实际需求，发挥其潜能，促进其个性化发展。

在差异化教学的基础上，教师还可以为不同学生量身定制个性化的学习方案。根据学生的语文素养现状、优势领域、薄弱环节等，制订个性化的学习策略。例如，为某些语文基础薄弱的学生安排专门的基础夯实训练，为某些阅读理解能力欠缺的学生提供针对性的指导和辅导，为某些想象力和创造力较强的学生开设适当的特色课程或活动等。这种"量体裁衣"的教学和指导无疑会事半功倍。

（二）多元化评价与反馈

传统的语文教学评价往往过于注重学生的期末考试成绩，而忽视了过程性评价的重要作用。中学语文教师应该注重过程性评价和终结性评价的结合，全面考核学生语文素养的发展状况。

形成性评价侧重于在日常教学过程中对学生综合表现的观察和记录，这一做法既可以总结归纳学生的优缺点，也可以发现学生学习中的薄弱环节并及时加强。终结性评价则是对学生在一个阶段内语文素养发展的总体评判，是更为系统和权威的评价结论，两者的结合可以使评价更加全面科学。评价的目的是为了更好地指导学生的学习和发展，因此，教师要及时将评价结果反馈给学生，指出其中存在的问题，并提出相应的改进建议。反馈要具体直观，不能笼统肤浅。可以采用面谈、评语、教学建议等多种形式，引导学生进行自我反思，明确努力的方向。同时，对于一些普遍性的问题，可以及时进行专题辅导，促进学生的全面发展。

（三）激发学生学习兴趣

语文教学不能过于枯燥乏味，要设计一些生动有趣、富有创意的教学活动，激发学生的学习兴趣和参与热情。如通过开展诗歌朗诵会、读书交流会、作文大赛、话剧表演等丰富多彩的活动，让学生在轻松愉悦的氛围中感受语文学习的乐趣。还可以开展一些实践性活动，如采风写生、社会调查、参观博物馆等，使语文学习与生活实际紧密联系。

学生是语文学习的主体，教师要充分调动学生的主观能动性，可以在课堂教学中设计一些互动环节，引导学生积极参与。如可以鼓励学生大胆提出疑问、畅所欲言；组织小组合作探讨，培养学生的合作精神；安排适当的学习任务，让学生自主实践等。在这个过程中，学生既能积累知识，又能培养能力，从而提高学习的主动性和自觉性。

总之，提高学生语文素养绝非一蹴而就，需要教师不断创新教学理念，优化教学策略，努力为学生创设良好的学习环境，激发他们的学习热情和内在动力。教师自身也要不断学习反思，提高专业素养，用科学合理的方式引导学生，促进学生的全面发展。只有学生和教师的共同努力，才能在实践中不断完善和深化语文素养教育，推动语文教学质量的持续提高。

五、学生语文素养评价与提升面临的挑战与对策

在学生语文素养的评价与提升过程中，教师和教育工作者面临诸多挑战。

（一）学生自主学习能力的培养所面临的困难与应对策略

培养学生的自主学习能力是提升学生语文素养的关键，但这一过程往往面临许多困难。首先，自主学习需要学生具备较强的自我管理能力，包括时间管理、学习规划和自我监督等。然而，很多中学生在这些方面的能力较为薄弱，缺乏自律性和持久的学习动力。其次，自主学习还要求学生具备较高的阅读理解能力和信息处理能力，能够独立分析和解决问题，但部分学生在这些方面的基础较为薄弱，导致自主学习效果不佳。为了应对这些困难，教师可以采取以下策略：

教师可以指导学生制订切实可行的学习计划，包括每天的学习任务、学习目标和复习安排等。通过帮助学生明确学习目标和学习方法，增强他们的自主学习意识和能力。教师可以通过课堂活动和课后作业，引导学生合理安排学习时间，提高时间利用率。例如，可以使用时间管理工具，如时间日志或学习计划表，帮助学生跟踪和调整自己的学习进度。自主学习离不开强大的阅读理解能力，教师可以通过增加学生的阅读量、指导学生提高阅读技巧、组织学生进行阅读讨论等方式，帮助学生提高阅读理解能力和信息处理能力。自主学习需要持续的学习动力。教师可以通过激发学生的学习兴趣，如引入有趣的学习材料、设计有挑战性的学习任务、鼓励学生参与课外阅读和写作活动等，来增强学生的学习动机。

（二）教师专业水平与评价标准的匹配问题

教师的专业水平直接影响到学生语文素养的提升。然而，教师专业水平与评价标准的不匹配，会制约学生语文素养的提升。部分教师的专业素养和教学水平尚需提升，其执教能力无法有效应对新一轮基础教育课程改革的要求和学生多样化的学习需求。现有的评价标准有时也过于单一，过分侧重学生的考试成绩，而忽视了学生的综合素质和能力培养。

为了应对这些问题，以下策略可以帮助提升教师的专业水平，并优化评价标准：

教育部门和学校应定期组织教师参加专业培训和教学研讨，更新教师的教学理念，提升其教学水平。培训内容应包括最新的教育理论、教学方法、评价技术

等，以帮助教师更好地适应新一轮基础教育课程改革的要求。学校应制订科学、全面的学生语文素养评价标准，涵盖知识掌握、阅读理解、写作能力、语言表达、合作能力等多个方面。通过多元化的评价标准，全面评估学生的综合素质和发展水平。教师应主动进行专业学习和自我提升，如阅读专业书籍、参加学术交流、进行教学反思等。学校还应建立教师教学资源共享平台，促进教师之间的经验交流和资源共享。通过分享优秀的教学案例、教学资源和教学经验，教师可以相互学习、共同提高。

（三）课程设计与教学方法的创新与改进

课程设计与教学方法的创新与改进，是提升学生语文素养的关键。传统的语文教学或多或少存在着课程内容单一、教学方法单调、学生参与度低等问题，难以有效激发学生的学习兴趣和提升他们的语文能力。为了解决这些问题，以下是一些创新与改进的策略：

教师应根据学生的兴趣和需求，丰富课程内容，引入多样化的教学材料，如现代文学、经典文学、社会热点话题等。通过丰富多彩的课程内容，激发学生的学习兴趣和探索欲望。教师应灵活运用各种教学方法，如讨论式教学、情境教学、项目化学习、合作学习等，以增强课堂的互动性和参与性。例如，在教学过程中，教师可以组织学生进行小组讨论、角色扮演、情景模拟等活动，让学生在实践中学习和应用知识。在实际教学中，教师可以将语文教学与其他学科内容进行融合，设计跨学科的教学活动和项目。例如，可以结合历史、地理、美术等学科内容，设计综合性学习项目，让学生在跨学科学习中，全面提升语文素养和综合能力。教师应充分利用现代信息技术，如多媒体教学资源、网络教学平台、在线学习工具等，丰富教学手段，提高教学效果。例如，可以利用网络平台进行在线讨论、课后辅导、资源共享等，增强学生的学习体验和效果。另外，教师还应鼓励学生进行大量的课外阅读和写作，培养他们的阅读兴趣和写作能力。如组织学生参加读书会、文学社团、写作比赛等活动，激发他们的阅读和写作热情，提高语文综合素养。

通过以上策略，教师可以有效地创新和改进课程设计与教学方法，激发学生的学习兴趣，提高他们的语文能力和综合素质。同时，这些策略也有助于推动语文教学的不断发展和进步，促进学生的全面发展和个性化成长。

第三节　中学语文教学质量的评估与提升

一、中学语文教学质量评估的重要性

中学语文教学质量评估是语文教育管理和教学实践中的一个关键环节，它不仅是衡量教师教学效果和学生学习成效的工具，更是推动语文教学改革、提升学生语文素养、保证语文教学质量与效果的重要手段。

（一）教学质量评估的意义与价值

教学质量评估是推动教学改革的重要驱动力。通过系统的评估，可以发现教学过程中存在的问题和不足，为教学改革提供数据支持和方向指引。评估结果可以帮助教育管理者和教师了解当前教学方法的优缺点，发现哪些教学策略和方法需要改进。例如，通过评估发现学生对某些知识点的掌握情况不理想，教师可以据此调整教学内容和方法，有针对性地进行教学改进。此外，教学质量评估还可以促使教师不断反思和提升自己的教学水平，通过学习和借鉴优秀的教学经验和方法，不断优化教学设计和实施，提高整体教学质量。

教学质量评估直接关系到学生语文素养的提升。通过评估，可以全面了解学生在语文学习中的表现和发展情况，包括语言理解能力、表达能力、写作能力、阅读兴趣等多个方面。评估结果可以帮助教师有针对性地调整教学策略，以满足不同学生的学习需求，促进学生语文素养的全面发展。例如，对于阅读理解能力较弱的学生，教师可以为其设计更多的阅读训练和指导，帮助他们提高阅读能力；对于写作能力较强的学生，教师可以为其提供更多的写作机会和挑战，进一步提升他们的写作水平。通过个性化的教学指导，学生的语文素养将得到全面提升。

教学质量评估是保证教学质量和效果的重要手段。通过系统的评估，可以全面监控和评估教学过程，确保教学活动的规范性和有效性。评估不仅关注学生的学习成果，还关注教学过程的质量，包括教师的教学态度、教学方法、课堂管理、教学资源的使用等多个方面。通过评估，可以及时发现和纠正教学过程中存在的问题，保证教学活动的高质量实施。此外，教学质量评估还可以为教育管理者提供决策支持，帮助他们制订科学合理的教育政策和措施，优化教学资源配置，提升整体教学水平。

（二）评估对象的确定

教学质量评估的对象主要包括教师教学质量评估、学生学习成效评估以及教学过程与环境评估。

1. 教师教学质量评估

教师是教学活动的实施者，其教学水平和教学态度直接影响到教学效果和学生的学习成效。教师教学质量评估的内容主要包括以下几个方面：

（1）教师是否具备高度的教学责任心，是否认真备课、上课，是否关注每个学生的学习情况和进步。

（2）教师是否根据课程标准和学生需求设计合理的教学内容，是否采用科学有效的教学方法，是否能够灵活运用多种教学手段和资源。

（3）教师是否具备良好的课堂管理能力，是否能够营造良好的课堂氛围，是否能够有效组织和引导学生参与课堂活动。

（4）教师的教学效果及学生的学习成效，教师是否能够及时进行教学反思和调整，是否能够根据学生的反馈改进教学方法。

通过对教师教学质量的全面评估，可以发现并推广优秀的教学经验和方法，从而提升整体教学水平。

2. 学生学习成效评估

学生学习成效评估是教学质量评估的重要组成部分。学生是教学活动的主体，评估学生的学习成效可以全面了解教师的教学效果和学生的学习状况。学生学习成效评估的内容主要包括以下几个方面：

（1）学生对语文知识的掌握情况，是否能够灵活运用所学知识，是否具备良好的语言理解和表达能力。

（2）学生的语文能力发展情况，包括阅读能力、写作能力、口语表达能力、思维能力等多个方面。

（3）学生的学习态度，是否积极参与课堂活动，是否对语文学习感兴趣，是否具备自主学习的能力和习惯。

（4）学生的综合素质发展情况，包括语言文化素养、人文精神、社会责任感等多个方面。

通过对学生学习成效的全面评估，可以了解学生的学习状况和发展需求，从而及时调整教学策略，促进学生的全面发展。

3. 教学过程与环境评估

教学过程与环境评估是教学质量评估的基础和保障。良好的教学过程和环境是保证教学效果的重要条件。教学过程与环境评估的内容主要包括以下几个方面：

（1）教师是否制订了科学合理的教学计划，是否按照计划实施教学，教学计划是否能够有效指导教学活动。

（2）教学资源和设施是否充足、完善，教师是否能够充分利用各种教学资源和设施，教学环境是否安全、舒适、适合学生学习。

（3）课堂氛围是否积极、活跃，学生是否能够积极参与课堂活动，是否能够在课堂上进行有效的互动和合作。

（4）学校的教学管理和支持措施是否到位，是否能够为教师提供良好的教学环境和条件，是否能够为学生提供充分的学习支持和帮助。

通过对教学过程和环境的全面评估，可以保证教学活动的规范性和有效性，从而提升整体教学质量和效果。

二、中学语文教学质量评估的指标体系

中学语文教学质量评估的指标体系是确保评估工作科学性和全面性的基础。通过建立完善的指标体系，可以全面、系统地评估教师的教学质量、学生的学习成效以及教学过程与环境，从而推动语文教学质量的不断提升。

（一）教师教学质量评估指标

教师教学质量评估主要包括教师的教学设计与准备能力、课堂教学实施能力以及学生学习效果评估能力。

1. 教学设计与准备能力

一个优秀的教师应具备科学、合理的教学设计能力，并能够根据教学目标和学生特点，制订切实可行的教学计划。具体来说，教师在制订教学计划时应明确教学目标，并能够围绕教学目标展开教学活动。教学内容的科学性与适切性也是评估的关键，教师应选择科学、适切的教学内容，确保教学内容符合课程标准和学生认知水平，具有一定的深度和广度。此外，教师应具备灵活运用多种教学方法与策略的能力，能够根据不同的教学内容和学生特点，选择合适的教学方法，如讨论法、讲授法、探究法等。教学资源的合理利用也是评估的重要方面，教师应充分利用各种教学资源，如课本、教辅材料、多媒体资源等，丰富课堂教学内容，提高教学效果。

2. 课堂教学实施能力

教师的课堂教学实施能力包括教师的课堂组织与管理能力、课堂互动与交流能力以及教学评价与反馈能力。课堂组织与管理能力要求教师能够有效控制课堂节奏，维护课堂秩序，营造积极、和谐的课堂氛围。课堂互动与交流能力则要求教师善于引导学生进行交流和讨论，鼓励学生积极参与课堂活动，从而增强课堂互动性，提高学生的参与度和积极性。教学评价与反馈能力要求教师能够及时了解学生的学习情况，进行有效的课堂评价，并根据评价结果进行教学调整和反馈。

3. 学生学习效果评估能力

学生学习效果评估能力包括教师对学生学业成绩的评估能力、对学生语文素养水平的评估能力以及对学生学习态度与情感态度的评估能力。对学生学业成绩评估能力要求教师能够通过各种形式的考试和测评，准确评估学生的学业成绩和学习效果。对学生语文素养水平评估能力要求教师能够全面评估学生的语文素养水平，包括语言理解能力、表达能力、写作能力、阅读兴趣等多个方面。对学生学习态度与情感态度评估能力要求教师关注学生的学习态度与情感态度，通过观察和交流，了解学生的学习动机、学习兴趣和情感态度，并进行有效的指导和激励。

（二）学生学习成效评估指标

学生学习成效评估是教学质量评估的重要组成部分，主要包括学生语文素养水平、学业成绩与考试表现以及学习态度与情感态度评价。

1. 学生语文素养水平

语文素养水平指的是学生的语言理解能力、语言表达能力、写作能力和阅读能力。语言理解能力评估包括学生对课文内容的理解、对语言现象的分析和解释能力等。语言表达能力评估学生的口头表达能力和书面表达能力，主要包括学生的语言流畅性、准确性、逻辑性和创意性等。写作能力评估主要包括学生的写作技巧、写作内容的丰富性和思想性、语言的生动性和表达的规范性等。阅读能力评估主要包括学生的阅读速度、阅读理解能力、对文本的分析和评价能力等。

2. 学业成绩与考试表现

日常学业成绩评估学生在平时学习过程中的作业完成情况、课堂表现、学习态度等，能够全面反映学生的学业水平和学习效果。考试表现评估学生在各种语文考试中的表现，包括期中考试、期末考试、模拟考试等，主要考查学生对所学知识的掌握情况和应用能力。

3. 学习态度与情感态度评价

学习态度包括学生的学习动机和学习兴趣。学习动机评估包括学生对语文学习的积极性、主动性和持久性，主要考查学生是否具有明确的学习目标和动力。学习兴趣评估包括学生对语文课的参与度、对课外阅读和写作活动的积极性等，主要考查学生是否对语文学习充满热情。情感态度评估包括学生在学习过程中是否感受到愉悦和满足，是否具备积极向上的学习态度。

（三）教学过程与环境评估指标

教学过程与环境评估是教学质量评估的基础和保障，良好的教学过程和环境是保证教学效果的重要条件。教学过程与环境评估的内容主要包括课堂氛围与教学环境、教学资源与教学工具以及教学管理与课程实施。

1. 课堂氛围与教学环境

包括课堂的互动性、师生关系、学生的学习氛围等。课堂氛围评估教师是否能够营造积极、和谐的课堂氛围，是否能够有效激发学生的学习兴趣和课堂参与积极性。教学环境评估教学场所的舒适度、安全性和设备的完备性，以确保学生在一个良好的环境中进行学习。

2. 教学资源与教学工具

包括教学资源的丰富性、教学工具的使用效果等。教学资源评估教师是否能够充分利用各种教学资源，如课本、教辅材料、多媒体资源等，丰富课堂教学内容，提高教学效果。教学工具评估教师是否能够有效使用现代教学工具，如多媒体设备、网络资源等，增强教学的互动性和生动性，提高学生的学习兴趣和效果。

3. 教学管理与课程实施

包括教学计划的科学性、教学管理的规范性和课程实施的有效性。教学计划评估教师是否能够制订科学合理的教学计划，是否按照计划实施教学，教学计划是否能够有效指导教学活动。教学管理评估学校的教学管理和教学支持是否到位，是否能够为教师提供良好的教学环境和条件，是否能够为学生提供充分的学习支持和帮助。课程实施评估教师在教学过程中是否能够灵活调整教学策略，根据学生的反馈及时进行教学调整。

三、中学语文教学质量提升策略

为了切实提升中学语文教学质量，教师需要结合学生实际设计教学内容、探索教学模式。

（一）优化语文课程设计，不断丰富语文教学资源

优化语文课程设计与完善语文教学资源是提升中学语文教学质量的重要举措。

首先，教师应该高度重视语文课程的设计。在新课标的指导下，深入研究语文教学的目标和要求，将学生置于教学的核心位置，以满足他们的学习需求为出发点进行课程设计。这意味着教师不仅要关注语文知识的传授，更要注重培养学生的学习能力和全面素养。因此，教学目标的设计应当明确、具体，并与学生的实际需求相匹配，以保证教学资源的优化配置。

其次，教师应该鼓励学生积极参与教学案例的设计。通过与学生共同参与教学案例设计的方式，教师可以更好地了解学生的学习需求和兴趣，从而更有针对性地进行教学资源的优化配置。学生参与教学案例设计不仅可以激发他们的学习兴趣，还可以提高他们的学习动力和自主学习能力，从而更好地达到教学的目标。

最后，教师需要丰富教学资源，包括对教学资源的深度开发和广泛搜集。教师应当围绕教学目标，积极搜集和整理与教材内容相关的教学资源，包括教学资料、教学案例、多媒体资源等，并以此为基础，利用互联网等现代技术手段，结合学生的学习基础和学习能力进行教学体系的设计和优化。

通过重新构建教学内容，为学生提供更丰富的学习资源，可以激发他们的学习兴趣，拓展他们的知识面，提高他们的学习效果。因此，教师应当不断地优化语文课程设计，丰富语文教学资源，以适应学生的学习需求和发展。这不仅需要教师具备扎实的专业知识和教学技能，更需要他们具备创新意识和探索精神，不断进行探索和实践，为中学语文教学的发展贡献力量。

（二）加强教学模式的创新探索，激励学生自主学习

教师应当对教学模式进行持续的探索和创新，以激发学生的主动学习意识，并增强他们的学习动力。在教学模式的设计和应用方面，教师应注重灵活性和创新性，并结合教学内容和学生的实际情况，探索适合的教学方法和模式。

教师可以运用各种不同的教学模式，如情境教学法、游戏教学法、小组合作学习法、案例学习法等。这些教学模式可以激发学生的兴趣，提高他们的参与

度，从而促进学习效果的提升。例如，在阅读教学中，教师可以采用角色扮演法，让学生扮演故事中的角色，以此来深入了解人物的形象和性格特点，从而提高学生的阅读理解能力和情感体验。在学生角色扮演完成后，教师还可以引导学生进行讨论和总结，进一步深化教学内容，提高教学效果。

教师还可以借助现代技术手段，如多媒体技术平台、视频展示和微课等，来丰富教学资源，并为学生提供更多的学习途径和体验。例如，在文言文教学中，教师可以利用多媒体技术展示相关的历史背景和社会现实，帮助学生理解作者的创作背景和作品内涵，从而提高学生的学习兴趣和理解能力。同时，教师还可以鼓励学生进行创作和研究，开展深度阅读和辩论讨论，以此激发学生的求知欲和学习热情，提升他们的语文综合应用能力。

（三）营造一个体现学生主体地位、发散学生语文思维的课堂环境

在课前，教师应根据学生的实际水平和兴趣特点，制订差异化的教学计划。这意味着要根据不同学生的知识掌握程度和学习风格，为他们设置不同的教学目标、教学内容和教学方法，以满足每个学生的学习需求。在课堂上，教师可以引导学生围绕特定的主题展开讨论，例如，让学生分享对一首古诗的理解与感受，或者探讨一个文学作品中的主题或意象。通过学生之间的互动交流，可以激发出更多新颖的思考和见解，从而发散学生的语文思维。

通过创设生动的情境和故事背景，教师可以引导学生进入作品的世界，体验其中的情感和情节。例如，通过角色扮演、情景再现等方式，能够让学生更加深入地理解和感受作品的内涵，发散他们的语文思维。教师应鼓励学生运用多种形式进行表达，如写作、绘画、演讲、表演等，这样可以激发学生的创造力，培养他们的语言表达能力，并且让每个学生都能找到适合自己的表达方式，展示自己的语文才华。在学生发表观点和见解后，教师应给予及时的反馈和指导。无论是肯定学生的努力，还是指出不足之处，都能够帮助学生更好地理解和运用语文知识，促进其语文思维的发展。通过以上措施，教师可以将学生作为课堂的主体，激发他们的学习兴趣和思维潜力，促进他们的个性化发展，从而实现语文课堂教学的有效性和高效性。

（四）设计学生参与模式和引入激励性评价机制，提升语文课堂教学的效果

在设计教学的学生参与模式时，教师应从多个角度出发，注重学生的参与意识和主体地位，同时引入激励性评价机制，以提高教学效果和学生的学习成效。

在预习环节，教师可以利用网络平台或线下方式为学生提供相关学习资源，鼓励学生提前预习。同时，教师可以设置预习问题或任务，引导学生思考，并要求他们在课堂上分享自己的预习收获和疑惑。这样的预习模式可以激发学生的学习兴趣，培养他们主动学习的习惯，同时也为后续课堂教学打下了良好的基础。在教学过程中，教师应设计多样化的教学活动，鼓励学生积极参与。例如，可以采用小组讨论、角色扮演、案例分析等方式，激发学生的思维和创造力，促进他们的合作交流和共同探究。同时，教师应注意给予学生充分的表扬和鼓励，及时纠正错误，引导他们不断进步。这种学生积极参与的教学模式可以增强学生的学习动力和自信心，提高他们的学习效果。在复习阶段，教师可以设计各种形式的复习活动，如游戏竞赛、知识梳理、综合评价等，让学生通过复习巩固所学知识，同时也可以通过这些活动对学生进行激励性评价，激发他们的学习热情和积极性。

第六章　中学语文课程个性化教学实践

第一节　个性化教学在语文课程中的重要性

一、语文课程个性化教学的概念和特征

（一）个性化教学的定义

个性化教学是一种针对每个学生独特需求和潜能的教学方法，旨在充分考虑学生的个体差异，为他们提供个性化的学习体验和教育服务。这种教学模式强调教师要根据学生的学习风格、兴趣爱好、认知水平等因素，灵活调整教学内容、教学方法和评价方式，以满足每个学生的学习需求，促进其全面发展和个性成长。

个性化教学的起源可以追溯到20世纪初。当时的教育学家和心理学家开始关注学生的个体差异和学习特点，提出了以学生为中心的教育理念。随着心理学、教育学和神经科学等学科的不断发展，个性化教学逐渐成为教育改革的热点话题，受到越来越多教育工作者和学者的重视和关注。

个性化教学的发展经历了几个阶段：最初是以"差异化教学"为主要特征，强调根据学生的学习能力和兴趣水平设置不同的教学目标和教学内容，以满足不同学生的学习需求；后来，随着信息技术的快速发展，个性化教学逐渐向"定制化教学"转变，教育机构和教师开始利用教育科技手段，为学生提供个性化的学习资源和学习支持，实现教学内容的个性化定制和教学过程的智能化管理；目前，个性化教学已经成为教育改革的重要方向之一，在全球范围内受到广泛关注和推广。

个性化教学的核心理念是尊重和重视学生的个体差异，充分发挥每个学生的潜能和特长。它强调教师要从学生的角度出发，为他们提供个性化的学习支持和

指导，创造积极的学习环境和氛围。个性化教学还注重培养学生的自主学习能力和终身学习意识，激发他们的学习动力和创造力，促进其全面发展和自我实现。

（二）个性化教学的基本特征

个性化教学作为一种以学生为中心的教学模式，其基本特征有：

1. 因材施教

个性化教学强调根据学生的个体差异，针对其不同的学习需求和潜能特点，采用灵活多样的教学策略和方法，实现因材施教。教师应根据学生的学习能力、兴趣爱好、学习习惯等因素，有差异地设置教学目标、教学内容和教学活动，确保每个学生都能够在适合自己的学习环境中取得进步。

2. 个性化学习方式

个性化教学倡导为每个学生设计独特的学习方式，充分考虑其个体特点和学习需求。通过设计个性化学习方式，学生可以根据自己的学习进度和兴趣选择学习内容和学习时间，培养自主学习的能力。

3. 多样化的教学资源

个性化教学注重为学生提供多样化的教学资源和学习支持。教师可以利用教育技术手段，如网络、多媒体、教育应用软件等，为学生提供个性化的学习资源和学习工具，满足其不同的学习需求和学习习惯。

4. 个性化评价方式

个性化教学强调采用多样化和灵活的评价方式，全面了解学生的学习情况和学习成果。除了传统的考试和测验外，还可以采用项目作业、口头报告、学习日志等形式进行评价，更加全面地反映学生的学习水平和个性发展情况。

5. 个性化的学习支持和指导

个性化教学注重为学生提供个性化的学习支持和指导。教师可以通过一对一辅导、小组讨论等方式，为学生提供具有针对性的学习指导和反馈，帮助他们克服学习障碍，提高学习效果。

6. 自主学习和合作学习

个性化教学鼓励学生主动参与学习过程，培养其自主学习和合作学习的能力。学生在个性化教学环境中可以更加自由地选择学习内容和学习方式，与同学合作共同探究问题，促进彼此共同学习成长。

7. 关注个性发展和培养全面素养

个性化教学不仅关注学生的学习成果，更注重培养其个性发展和全面素养。

教师在教学过程中不仅关注学生的学习成绩，还重视对其品德修养、情感态度、社会责任等方面的培养，帮助学生实现全面发展。

8.灵活的教学管理和组织能力

个性化教学要求教师具备灵活的教学管理和组织能力，能够根据学生的个体需求和学习情况及时调整教学计划和教学安排，为学生提供个性化的学习支持和教育服务。

二、实施语文课程个性化教学的必要性

（一）符合学生个体差异和发展需求

中学生的个体差异是客观存在的，每个学生在认知水平、学习兴趣、学习能力等方面都有所不同。因此，采取统一的教学方式和教学内容往往不能满足所有学生的需求，而个性化教学则能更好地针对学生个体的差异性进行有针对性的教学安排，从而提高教学的有效性和学生的学习质量。例如，有一些学生对文学作品情感表达较为敏感，喜欢文学鉴赏和创作，而另一些学生可能更善于逻辑思维和探索分析。如果教师采取统一的教学方式和教学内容，就难以满足不同学生的学习需求，而个性化教学则可以根据学生的个体差异性，设计不同的教学策略和教学内容，从而更好地促进学生的全面发展。

语文教育不仅是为了培养学生的语文素养，更是为了他们全面素养的提升和终身发展。个性化教学能够更好地激发学生的学习兴趣，培养其自主学习能力和创造能力，提高其综合素养和能力水平，为其未来的学习和发展奠定坚实基础。通过个性化教学，学生能够更好地认识自己，发现自己的潜能和兴趣，并根据自身特点选择适合自己的学习路径和发展方向，从而实现个性化发展和自我实现。

实施语文课程个性化教学能够更好地满足学生的个体差异和发展需求，促进其全面发展和个性成长，提高教学的有效性和学习的质量。同时，实施个性化教学也是语文教育适应时代发展和教育改革的需要，能够更好地满足现代学生的学习需求和社会发展的要求，推动教育教学的不断创新和进步。

（二）培养学生语文核心素养的需要

语文核心素养是指学生在语言文字运用、文学欣赏、思维品质、审美情操等方面的基本素养和能力。个性化教学可以有针对性地促进学生在这些方面的发展，实现学生语文核心素养的全面提升。

1. 个性化教学能够提升学生的语言文字运用能力

不同学生在语言文字表达方面存在差异，有一些可能天生善于表达，而另一些可能需要更多的训练和指导。通过个性化教学，教师可以根据学生的实际水平和需求，设计针对性的语言文字训练活动，帮助学生提高表达能力，从而更好地应对各类语文任务和考试。

2. 个性化教学有助于拓展学生的文学欣赏视野

每个学生对文学作品的欣赏角度和方式都有所不同，有一些可能更偏爱古典诗词，而另一些则更喜欢现代小说。通过个性化教学，教师可以根据学生的兴趣爱好和特点，选取适合他们的文学作品进行深入学习，从而激发他们对文学的兴趣，并培养其审美情操。

3. 个性化教学也有助于促进学生思维品质的发展

语文学科强调的不仅是语言文字的运用，更重要的是培养学生的思维能力和创造力。通过个性化教学，教师可以根据学生的认知水平和学习风格，设计不同类型的思维训练活动，帮助他们提高逻辑思维能力、创新思维能力等各个方面的思维品质，从而全面提升其语文素养。

（三）教育公平和个性发展的需求

教育公平意味着给予每个学生平等的学习机会和学习资源。然而，由于学生的个体差异，统一的教学方法和教学内容往往难以满足所有学生的需求，可能造成部分学生学习困难或落后。而个性化教学会充分考虑学生的个体差异，为每个学生量身定制适合其需求和能力的学习方案，从而实现教育公平的目标。无论是在学习进度、学习方式还是学习兴趣上，个性化教学都能够为每位学生提供平等的发展机会，使他们在学习过程中更加平等地享受教育资源。传统的教学往往偏重于对学科知识的灌输，忽视了学生个体差异的需求。而个性化教学则更注重于培养学生的综合能力和个性发展。通过个性化教学，教师可以更好地发现并激发学生的潜能和兴趣，帮助他们在学习中发挥自己的优势，从而实现个性化发展。这不仅有助于学生在学业上取得更好的成绩，更重要的是能够培养出具有独立思考能力、创新能力和自我管理能力的学生，为其未来的发展打下坚实的基础。

因此，个性化教学既符合教育公平的理念，又有助于促进学生的个性发展。在当今社会，教育公平和个性发展已成为教育改革的重要方向之一，而个性化教学正是实现这一目标的有效途径之一。通过不断推进个性化教学的实践和探索，可以更好地满足不同学生的学习需求，促进教育公平和个性发展的共同实现。

三、个性化教学对语文课程建设的影响

（一）影响语文课程目标设置

个性化教学注重知识传授和能力培养的双重目标。传统的语文课程目标往往局限于知识传授，强调学生对语言文字知识的掌握和应用。然而，个性化教学强调根据学生的个体差异和需求，为其量身定制学习计划，不仅要求学生掌握必要的语文知识，更注重培养学生的语言文字运用、批判性思维、创造力等多方面的能力。因此，在语文课程目标设置中，个性化教学要求教师不仅关注知识的传授，也注重学生能力的全面培养，使语文课程目标更加全面、灵活且符合学生需求。个性化教学关注学生情感、态度、价值观等层面的发展。除了语言文字知识和能力外，语文课程也应关注学生的情感体验、审美情操以及对文学作品的情感共鸣和价值认同。个性化教学通过充分了解学生的个体差异和需求，为其提供符合其情感和价值取向的学习内容和活动，从而促进学生的情感体验和审美情操的发展。同时，个性化教学也注重培养学生的积极人生态度，引导他们树立正确的人生观和价值观，为其成长成为有社会责任感和文化素养的公民奠定基础。

（二）影响语文课程内容选择与组织

个性化教学强调根据学生的个体差异和需求，灵活选择和组织课程内容，以满足不同学生的学习需求和发展特点。首先，个性化教学倡导课程内容选择适度开放，以满足不同学生的需求。传统的语文课程往往以固定的教材和内容为主，学生面对的是统一的教学内容和学习任务，无法充分满足个体差异需求。而个性化教学则更注重根据学生的兴趣、水平和需求，开放式地选择和设计课程内容，使每个学生都能在自己感兴趣的领域深入学习。例如，在文学作品的选择上，教师可以提供多种文学类型和作品供学生选择，以满足不同学生的文学审美需求，从而激发他们的学习兴趣和主动性。其次，个性化教学要求课程内容组织形式多样化，体现个性化特征。传统的语文课程内容组织形式较为单一，多以教师讲授和学生听讲为主，缺乏个性化的教学方式和活动设计。而个性化教学则倡导采用多种教学手段和教学形式，为学生提供更加丰富多彩的学习体验。例如，教师可以通过组织小组讨论、文学分享、写作比赛等活动，让学生在合作与竞争中相互学习、交流，从而培养他们的团队合作能力和创造性思维。此外，个性化教学还注重充分利用多媒体和互联网资源，为学生提供更加丰富多样的学习资源和信息，以满足他们多样化的学习需求。

（三）影响语文课程实施与评价方式

个性化教学倡导采用多元教学方式，促进全员参与，并且提倡形成性评价。传统的评价方式主要以考试成绩为主，重视学生对知识点的记忆和应试能力，忽视了对学生综合素养和能力的评价。而个性化教学强调形成性评价，注重对学生学习过程和学习成果的全面评价。形成性评价包括但不限于日常作业、课堂表现、项目作品、口头表达等多种形式，旨在帮助学生了解自己的学习情况，发现问题并及时调整学习策略。通过多元化的评价方式，教师可以更全面地了解学生的学习情况，及时发现问题并进行针对性的指导，从而促进学生的个性化发展。

第二节 差异化教学策略与实践

一、差异化教学的概念与重要性

（一）差异化教学的概念

差异化教学作为一种教育理念和教学实践方式，旨在满足不同学生的学习需求，以确保每个学生都能够取得最佳的学习成果。在教育实践中，差异化教学关注于尊重和理解学生的个体差异，通过灵活的教学策略和教学方法，针对不同学生的学习方式、学习兴趣、学习能力和学习需求进行针对性的教学安排，以最大程度地激发学生的学习动机和潜能。

"差异"一词在教育领域已经不陌生，它指代的是学生在学习能力、学习兴趣、学习方式等方面的个体差异。这种差异性在教育实践中得到越来越多地重视和关注。在中共中央、国务院印发的《关于深化教育教学改革全面提高义务教育质量的意见》中，提出了"精准分析学情，重视差异化教学和个别化指导"的要求，进一步彰显了差异化教学在当前学校教育中的重要地位。每一位教师都会有这样的体验：在同一个班级里，学生的学习方式、学习兴趣以及学习能力都存在着差异。有些学生喜欢通过朗读、背诵来积累知识，而另一些学生则更倾向于通过实践操作来理解概念；有的学生热爱科学，而有的学生则对体育更感兴趣。在同一个课堂里，学生接受知识的速度也会存在明显的差异，有些学生能够迅速理解，而有些学生可能需要更多的时间。另外，不同学生对于学习方式的偏好也会有所不同，甚至同一个学生在不同的年龄段也可能会表现出不同的学习方式偏好，这就是学生的学习风格差异。

针对学生的这种差异性，差异化教学专家卡罗尔·安·汤姆林森对"差异化"进行了定义，即"在差异化的课堂中，教师主动计划并寻找各种达成内容、过程和结果的方法，以预备和回应学生在准备水平、学习兴趣和学习需要方面的差异"。换言之，差异化教学是指教师能够根据班级所有学生的学习差异和学习需求，灵活设计和实施课堂教学活动，以满足不同学生的学习需求，让每个学生都能够积极参与到学习活动中，激发学生的学习兴趣，提高课堂教学效率。

因此，差异化教学不仅是对学生的一种尊重和关注，更是对教学质量和教学效果的重视。它要求教师在教学设计和实施过程中充分考虑学生的差异性，采取多样化的教学方法和策略，确保每个学生都能够获得有效的学习支持和指导。只有这样，才能真正实现教育公平，让每个学生都能够实现自我潜能的最大发展。

（二）差异化在语文教学中应用的重要性

差异化教学在语文教学中的应用至关重要，因为语文教育旨在培养学生的语言表达能力、文学素养和思维能力，而学生在这些方面的差异较为明显。首先，语文课程本身就是一个涉及语言、文学、思维等多方面内容的综合性学科，不同学生在语言表达、文学鉴赏和思维能力方面的水平都存在着差异。而差异化教学能够针对学生的个体差异，因材施教，使每个学生都能够得到恰当的学习指导，从而实现个性化、全面化的发展。

其次，差异化教学有助发掘学生的特殊潜能，并为其提供针对性的帮助。在语文教学中，有些学生可能在语言表达方面表现突出，而在文学鉴赏方面较为薄弱。相反，有些学生可能在文学鉴赏方面具有较强的天赋，但在语言表达方面需要更多的指导和支持。通过差异化教学，教师可以有针对性地对学生进行个性化指导，满足学生不同方面的需求，帮助他们充分发挥潜能，实现全面发展。

最后，差异化教学有利于拓展并完善教学模式与教学策略，为不同学生提供更加适合自己的学习方式。在语文教学中，教师可以结合学生的兴趣爱好，设计丰富多彩的教学活动，创设有利于学生学习的环境和条件，从而提高学生的学习积极性和主动性，促进学生进入高效率的学习状态。差异化教学的实施不仅可以满足学生的个性化学习需求，还可以丰富和完善教学过程，提高教学效果，推动教育教学的不断创新和发展。

二、学生个体差异的类型及诊断

（一）学生个体差异的主要类型

学生个体差异在教育领域中是一种常见且复杂的现象，涉及多个方面的因素。了解和诊断学生个体差异能够帮助教师有针对性地制订教学策略，满足不同学生的学习需求，促进他们的全面发展。

1. 智力发展差异

智力是影响学生学习和发展的重要因素之一，学生在智力方面的发展水平存在差异。有些学生可能在逻辑推理、数学计算等方面表现突出，而在语言表达、文学鉴赏等方面较为欠缺。因此，了解学生的智力发展水平对于制订差异化教学策略至关重要。

2. 语文基础知识差异

学生在语文基础知识方面的掌握程度也会存在差异。一些学生可能在词汇量、语法知识、阅读理解等方面有着较好的基础，而另一些学生可能需要更多的时间和精力去补充和强化基础知识。因此，教师需要通过诊断，了解学生的语文基础知识水平，从而有针对性地进行教学。

3. 学习方式差异

学生的学习方式也会因个体差异而有所不同。有些学生可能更偏好于听觉学习，喜欢通过聆听讲解来掌握知识，而另一些学生可能更偏好于视觉学习，喜欢通过阅读和观察来进行学习。了解学生的学习方式有助于教师选择合适的教学方法和手段，从而提高教学效果。

4. 学习兴趣差异

学生的学习兴趣也是个体差异的重要表现之一。有些学生可能对文学作品、历史故事等感兴趣，喜欢在课外阅读相关内容，而另一些学生可能对科学实验、数学推理等感兴趣，更愿意投入相关学科的学习中。了解学生的学习兴趣有助于教师设计更具吸引力的教学内容，从而激发学生的学习动力。

以上所述的学生个体差异的主要类型并不是孤立存在的，而是相互关联、相互影响的。因此，教师在诊断学生个体差异时，需要综合考虑多个方面的因素，全面了解学生的学习特点和需求。针对不同类型的差异，教师可以采用多种诊断方法，如观察学生的学习表现、进行个性化交流、利用测验和问卷调查等，从而全面准确地了解学生的个体差异，为差异化教学提供有效的指导和支持。

（二）学生个体差异诊断的方法

对学生个体差异的诊断是教师制订差异化教学策略的基础，而诊断方法的选择至关重要，不同的诊断方法可以提供不同维度和深度的信息，从而为教师设计差异化教学提供多层面的指导。以下是几种常用的学生个体差异诊断方法：

1. 学习经历分析

学习经历分析是通过了解学生的学习历程、学习方法和学习成果来诊断其个体差异。教师可以通过与学生的交流、观察学生的学习过程和学习产品等方式，分析学生的学习经历，了解他们在不同学科、不同阶段的学习情况和表现。通过学习经历分析，教师可以深入了解学生的学习特点和需求，为差异化教学提供重要参考。

2. 问卷调查

问卷调查是一种常用的量化数据收集方法，可以帮助教师系统地了解学生的个体差异。教师可以设计针对不同方面的问卷，如学习兴趣、学习风格、学习动机等，让学生填写并提交。通过问卷调查，教师可以获取学生的自我评价和反馈，了解他们的学习态度、学习偏好和学习需求，为个性化教学提供依据。

3. 学习产品评价

学习产品评价是通过分析学生的作业、考试成绩、项目作品等学习产品来诊断其个体差异。教师可以对学生的学习产品进行定量和定性评价，了解他们在不同学科和不同类型的学习任务中的表现和水平。通过学习产品评价，教师可以发现学生的优势和劣势，及时调整教学策略，帮助他们更好地发展和进步。

4. 课堂观察

课堂观察是一种直接观察学生学习情况和行为的方法，可以帮助教师更直观、更全面地了解学生的个体差异。教师可以通过观察学生的课堂参与度、课堂表现、学习态度等方面的情况，发现学生的学习特点和需求。课堂观察可以结合教学反馈和学生交流，为差异化教学提供及时反馈和调整建议。

学生个体差异的诊断方法是多样化的，应该结合教师的实际情况和教学目标来选用。通过综合运用不同的诊断方法，教师可以全面深入地了解学生的个体差异，为个性化教学提供有效的支持和指导。

三、语文课堂差异化教学的策略

（一）设置差异化的教学目标

在教学中，设置差异化的教学目标是确保每位学生都能够在适合自己学习水平和能力的范围内取得进步的关键之一。教学目标的设置应该根据学生的差异性进行个性化设计，以满足不同学生的学习需求和能力水平。

对于学习基础好、学习能力强的学生，教师可以为其设置较高要求的学期教学目标，例如要求他们在学期结束时能够独立完成高难度的作文或者深度阅读理解题目，以挑战和激发他们的学习潜能。对于学习基础差、学习能力弱的学生，教师可以设置相对低要求的学期教学目标，重点是帮助他们建立基本的学习能力和自信心，例如，要求他们能够准确理解课文的主要内容或者掌握基本的语言表达技巧。

针对具有特殊才能或兴趣爱好的学生，教师可以为其设置专门的课时目标，例如为表演才能较强的学生设计专门的表演任务，或者为擅长绘画的学生设置创作任务，以激发他们的兴趣和发展特长。在具体的教学内容设置上，教师可以根据课文内容和学生的特点设计差异化的课时目标，例如，在讲授具有表演性情节的课文时，设置培养学生表演能力的课时目标，让学生通过角色扮演或表演任务来理解和体验课文情节，从而增强学习的趣味性和学生的参与度。对于需要进行背诵任务的课文，教师可以根据学生的实际情况设定不同的背诵目标，例如，针对记忆能力较弱的学生，可以设置背诵部分内容或者分段背诵的目标，以保证每个学生都能够成功完成学习任务并有所收获。

（二）教学方式的差异化运用

教学方式的差异化运用是为了更好地满足不同学生的学习需求和学习特点，从而提高学生的学习效率和学习积极性。

教师可以将学生分成不同能力水平和兴趣特点的小组，让他们相互合作、互相帮助，共同完成学习任务。这种方式可以让学生相互促进，共同进步，并且能够培养学生的团队合作精神和交流能力。针对不同学生的学习能力和学习兴趣，设置不同难度和内容的学习任务。对于学习能力较强的学生，可以设置较深入的拓展任务；对于学习能力较弱的学生，则可以设置一些简单或巩固性的任务，以确保每个学生都能够完成任务并取得进步。

根据具体的教学内容和学生的学习情况，灵活地调整分组方式。有时可以按照学生的兴趣爱好或学习特点分组，有时可以按照学生的学习成绩或能力水平分组，以确保每个小组都能够达到预期的学习效果。针对学习能力较弱或存在学习困难的学生，教师要提供个别的辅导和指导。教师可以与学生一对一地交流，了解他们的学习需求和困难所在，为他们量身定制学习计划和指导方案，帮助他们克服学习障碍，提高学习效果。在教学中结合多种教学手段和教学资源，如利用多媒体教学、实验教学、游戏教学等，以满足不同学生的学习方式和学习需求，激发学生的学习兴趣和积极性。通过差异化运用教学方式，可以更好地促进学生之间的合作与交流，激发学生的学习兴趣和学习动力，提高学生的学习效率和学习成绩，从而实现教学目标的更好落实。

（三）作业布置和批改的差异化

差异化的作业布置和批改旨在更好地满足学生的学习需求和能力水平，促进学生个体的全面发展。首先，在作业量和难度上实施差异化是关键。针对学生不同的学习能力和水平，教师可以为其设置不同难度和数量的作业，让学生在适度挑战中提高。对于学习能力较强的学生，可以布置一些拓展性的作业，以激发其学习兴趣和潜能，而对于学习能力较弱的学生，则可以布置一些巩固性的作业，以帮助其夯实基础。其次，作业形式的差异化也至关重要。除了传统的书面作业外，还可以采用口头报告、实验报告、小组项目等多种形式，以满足不同学生的学习方式和兴趣爱好。个性化作业任务的设置也是差异化作业的重要组成部分。根据学生的兴趣特长和学习需求，为其设计个性化的作业任务，让学生在感兴趣的领域中深入学习，提高学习动力。此外，在批改作业时，要注重区分学生的学习过程和成果。对于学习能力较强的学生，重点关注其学习过程，给予针对性的指导和建议；对于学习能力较弱的学生，则注重批改其学习成果，给予更多的肯定和鼓励。个性化反馈也是差异化作业的重要环节，通过有针对性的建议和指导，能够帮助学生更好地理解和掌握知识，提高学习效果。综上所述，差异化的作业布置和批改是促进学生个性化发展和全面提高的有效途径，有助于实现教学目标。

（四）学期评价差异化

学期评价的差异化旨在更好地评估学生在整个学期中的语文学习成果和学习过程中的表现，以增强学生的自信心，激发他们的学习动力。

对于学习能力较强、成绩较好的学生，教师应侧重评价其学习成果，对其取得的学科考试成绩提出表扬，并为其提出更高的学科要求，或针对学生的兴趣和优势为其布置相应的阅读或写作任务，从而激发其学习潜能。对于学习能力较弱、成绩较差的学生，教师应侧重于评价其学习过程中的表现，发现他们在学习过程中所取得的进步，横向对比他们在学科成绩上的进步，对学生进行鼓励和表扬，以增强学生的自信心。另外，教师还可以鼓励学习能力较弱、成绩较差的学生自主加强基础知识方面的练习，并对他们提出更进一步的期待，以激发他们的学习动力，提升他们的学习积极性。

（五）激励标准差异化

每个学生都有自己的特点、优势和不足，因此，在制订激励标准时，需要根据学生的个体差异进行差异化处理。

对于学习能力较强、成绩较好的学生，可以为其设置更高的学习目标和挑战性的任务，激励他们通过努力获取更高的成就感和成绩奖励。而对于学习能力较弱、成绩较差的学生，则可以为其设定更为温和的目标，并提供更多的帮助和支持，激励他们通过不断努力获得进步和成就感。针对学生的学习兴趣和特长的不同，激励标准也可以有所差异。对于对某一学科或特定领域表现出浓厚兴趣的学生，可以为他们提供更多的相关学习资源和机会，激励他们更加专注和投入地学习，同时也要给予他们更多的认可和肯定。而对于对某些学科或领域不感兴趣的学生，则可以采取更具趣味性和实用性的教学方法，激发他们的学习兴趣，提升他们的学习积极性。针对学生的个性特点的不同，激励标准也需要有所差异。对于外向活跃的学生，可以采用竞赛、游戏等方式激励他们，充分发挥他们的竞争意识和团队精神，而对于内向文静的学生，则可以通过表扬和鼓励帮助他们建立自信，激励他们更加积极地参与教学活动。

四、差异化教学实践

（一）现阶段语文教学中存在的问题

1. 教师专业素养的不足

虽然教育改革不断深化，但一些教师的专业素养仍未能达到标准要求。这主要表现在教师在教学实践中难以全面把握教材内容，无法运用多种教学策略和教学方法激发学生的学习兴趣。有些教师缺乏对新理念、新技术的认知和应用，导致教学效果不佳。因此，加强教师专业培训，提高其教育教学水平，是当前亟须解决的问题之一。

2. 差异化教学在语文课堂中的应用不够充分

差异化教学是基于对学生个体差异的充分理解和尊重，旨在调动每个学生的学习动力和潜能，从而促进他们全面发展和取得更好的学习成绩的教学模式。然而，在现实中，一些教师仍然倾向于采用传统的教学模式，未能真正落实差异化教学理念。因此，教师需要更加关注学生的个体差异，灵活运用不同的教学方法和手段，满足每个学生的学习需求，提高课堂教学的针对性和有效性。

3. 课堂互动不足

课堂互动是激发学生学习兴趣、培养学生思维能力和促进学生学习效果的重要手段。然而，在一些语文课堂上，教师往往扮演着主导角色，学生则处于被动接受的状态，课堂互动性不高。这种情况下，学生的课堂参与度和积极性较低，难以激发他们的学习兴趣和学习主动性。因此，教师应该注重与学生的互动，倡导开放式的课堂氛围，鼓励学生提问、讨论和分享，促进学生之间的交流与合作，激发他们的学习动机和创造力。

（二）语文差异化教学模式实践策略

1. 根据学生的实际情况制订差异化教学目标

在制订差异化教学目标时，教师需要充分考虑学生的实际情况。每个学生在语文知识学习过程中都会存在各种差异，这些差异可能涉及理解能力、认知水平、适应性等多个方面。因此，教师应该从多角度出发，制订具有层次的差异化教学目标，以确保每位学生都能够逐步掌握学习方法和技巧，有效吸收更多的语文知识。

2. 应用差异教学模式重视学生个性化训练

在语文教学中，学生可能会面临各种不同的挑战和困难。为了促使学生的个性发展，教师需要合理应用差异化教学模式，并重视对学生的个性化训练，以确保他们能够更有效地参与到课堂学习中，全面掌握语文知识。

3. 利用现代化的教学手段提升教学效率

在现代社会，信息技术的迅速发展为教育行业带来了许多新的可能性，教师可以利用现代化的教学手段来优化语文课堂教学，提高教学效率。

第三节　关注学生个体差异的语文课程教学设计

一、基于学情分析的教学设计

（一）全面分析学生学习特点

学生的学习特点是语文课程教学设计的重要依据之一。全面分析学生学习特点，需要考虑到他们的年龄、性别、学习能力、兴趣爱好、家庭环境等各方面的因素。首先，年龄是一个决定学生学习特点的重要因素。不同年龄段的学生具有不同的认知能力、心理特点和学习需求。比如，小学阶段的学生注重形象思维和感性认识，而中学阶段的学生则逐渐形成了抽象思维和理性思维的能力。其次，性别也会对学生学习特点产生影响，男女生在语文学科的学习方式、喜好、表达方式等方面可能存在差异。再者，学生的学习能力是教学设计中需要考虑的重要因素之一。不同学生在语文学科的听、说、读、写能力和思维能力、创造能力等方面存在差异，需要差异化的教学设计来满足他们不同的学习需求。此外，学生的兴趣爱好和家庭环境也会对其学习特点产生影响，教师需要根据学生的兴趣爱好和家庭背景，设计出能够引发学生学习兴趣和情感投入的教学内容和活动。

在全面分析学生学习特点的基础上，教师可以根据学生的实际情况，有针对性地设计语文课程教学内容和活动。比如，在教学内容的选择上，可以结合学生的兴趣爱好和实际生活经验，选取与学生生活密切相关的话题和材料，以激发学生的学习兴趣和情感投入。在教学方法的选择上，可以根据学生的学习能力和特点，采用多种教学方法，如讲授法、讨论法、实验法、游戏法等，以促进学生的全面发展。在教学评价的设计上，可以根据学生的学习特点和目标要求，采用多样化的评价方式，如笔试、口试、实践性评价等，以全面、客观地评价学生的学习水平和能力。

（二）科学诊断学生个体差异

1. 量化测评和质性评估相结合

通过量化测评和质性评估相结合，教师可以更全面地了解学生的学习情况和个体差异，从而有针对性地开展教学工作。量化测评主要通过考试、测试等方式获取学生的学习成绩，这一数据可以客观地反映学生的知识掌握程度和学习水平。而质性评估则侧重于观察和记录学生在学习过程中的表现，包括学生的学习态度、学习方法、思维能力等方面，从而深入了解学生的学习特点和个性差异。通过量化测评和质性评估相结合，教师可以更全面地把握学生的学习情况，为后续的教学设计提供有力支持。

2. 过程性观察和形成性评价

过程性观察是指教师在日常教学中对学生的学习过程进行持续性、系统性地观察和记录，包括学生的学习态度、参与程度、表现水平等方面。形成性评价则是指在学习过程中教师对学生的学习情况进行及时、全面地评价和反馈，帮助学生及时发现并纠正学习中遇到的问题，促进其持续进步。通过注重过程性观察和形成性评价，教师可以及时了解学生的学习情况，发现并解决学生的学习困难，更好地满足学生的学习需求。

3. 分析学生学习差异产生的原因

学生学习差异产生的原因可能包括学生的个体差异、家庭环境、学习动力、学习方式等多个方面。通过深入分析学生学习差异产生的原因，教师可以更好地了解学生的学习特点和需求，有针对性地开展教学工作。比如，如果发现学生的学习成绩下降，可能是由于学生的学习动力不足、学习方法不当等原因导致，教师可以通过与学生和家长沟通，找出问题的根源，并采取相应的措施加以解决。因此，分析学生学习差异产生的原因是科学诊断学生个体差异的关键环节，有助于教师更好地指导学生学习，提高教学效果。

二、因材施教的教学目标设置

（一）分层次设置教学目标

分层次设置教学目标是指针对不同层次的学生制订相应的教学目标，以促进他们的全面发展和个性化成长。

1. 基础目标层次

这一层次的教学目标主要包括对语文基础知识的掌握、语言文字运用能力的提升以及基本的阅读、写作、听说能力的培养。例如，学生能够准确地理解课文内容，正确运用语言文字进行表达，流畅地进行朗读和写作等。基础目标层次的教学目标是所有学生都应该达到的基本要求，是他们学习语文的基础和起点。

2. 发展性目标层次

这一层次的教学目标主要包括对语文知识的深入理解、语言文字运用能力的进一步提升以及阅读、写作、听说能力的进阶培养。例如，学生能够分析课文中蕴含的深层次含义，灵活运用语言文字进行表达，独立完成一定难度的阅读和写作任务等。发展性目标层次的教学目标是帮助学生进一步提高语文素养，拓展他们的语文能力和视野。

3. 拓展性目标层次

这一层次的教学目标主要包括对语文知识的广泛应用和深入探究、语言文字运用能力的高级提升以及高水平的阅读、写作、听说能力的培养。例如，学生能够运用所学的语文知识解决实际问题，能够进行文学评论和创作，能够开展独立的研究和探究等。拓展性目标层次的教学目标是培养学生的创新精神和综合素养，使他们在未来的学习和生活中能够胜任各种复杂的任务和挑战。

（二）体现教学目标的多元性

教学目标的多元性是指在教学设计中，不仅要考虑学生的学科知识和技能的提升，还要注重培养学生的综合素养和个性发展。在因材施教的过程中，教学目标应该具有多种维度和层面，以促进学生的全面成长。

1. 教学目标要多元化

教学目标不仅要包括认知层面的目标，还要涵盖情感、态度、价值观等方面的目标。除了学科知识和技能的提升外，教师还要注重培养学生的情感体验、审美情趣、道德品质等，使他们在语文学习中不仅能够获取知识，还能够提升综合素养，塑造良好的人格和品质。

2. 教学目标要个性化

要根据学生的个性特点和发展需求设置个性化的目标。每个学生都有自己的学习方式、兴趣爱好和潜能特点，教师应该根据学生的实际情况，因材施教，为他们制订符合其特点和需求的个性化目标，从而更好地促进他们的成长和发展。

3. 教学目标要具有可操作性和可评价性

教学目标应该清晰明确，具有具体的表现和评估指标，能够指导教师的教学设计和实施，帮助学生清晰地了解学习的方向和目标，并能够通过教学评价对学生的学习情况进行科学准确地评估和反馈。

4. 教学目标要注重整合

教学目标应该贯穿于教学的各个环节之中，通过多种教学手段和教学方法，全面培养学生的思维能力、创新能力、表达能力、合作能力等综合素养，使他们在语文学习中得到全面的提升和发展。

三、关注学生个体差异的教学内容选择

（一）基础知识内容精选

在关注学生个体差异的中学语文教学中，基础知识内容的选择至关重要。教师应当根据学生的学习水平，有针对性地选择基础知识内容，并将其有机地组织成系统的教学内容体系。这样做能够为学生的进一步学习和提高打下坚实的基础。在选择基础知识内容时，教师应当根据学生的认知水平和学习能力，合理选择知识内容的难度，避免过于复杂或抽象的内容，以免给学生带来挫折感和压力，影响其学习兴趣和积极性。同时，也要注意适当给予学生挑战，为其提供一定程度的知识拓展，促使他们不断提高和进步。在关注学生个体差异的同时，教师还应该充分考虑学生的兴趣爱好和学习需求，选择符合其实际情况和学习需求的基础知识内容。这样做有助于激发学生的学习兴趣，提高他们的学习动机和积极性，从而更好地促进其语文学习的发展和提高。

（二）拓展内容的开放性

在关注学生个体差异的中学语文教学中，拓展内容的选择应当具有开放性，以满足学生的多样化需求，激发他们的学习兴趣和创造力。

教师应当选择与学生生活密切相关的内容，如家庭、校园、社会等方面的故事、事件或现象，以便让学生更容易理解和接受，并将所学知识与实际生活联系起来，增强其学习的实用性和可操作性。教师在选择拓展内容时，应该充分考虑学生的文化背景和多元化需求，选择具有代表性和包容性的文化内容，如民族文化、地方文化、外国文化等，以促进学生的跨文化交流和理解，培养其文化包容性和国际视野。另外，拓展内容还应该体现时代性和前瞻性。教师可以选择与时代发展密切相关的内容，如科技、社会、环境等方面的新知识、新技术、新理念，引导学生关注时事热点，拓展他们的知识视野，增强他们的综合素养和创新能力。

四、关注学生个体差异的教学策略

在当代教育理念的指导下，中学语文教学应高度重视学生的个体差异，采取多元化的教学策略，确保每一个学生都能够获得适合自身特点的学习资源和发展机会。

（一）课堂教学组织形式多样

1. 全体教学和分层教学相结合

全体教学是指教师针对整个班级进行统一的教学活动。这种形式有利于控制

教学进度，传授基础知识。分层教学是指教师根据学生现有的知识、能力水平和潜力倾向将学生科学地分成几组并针对其学习水平和学习特点进行有针对性的教学。这种形式有助于学生得到更好的发展和提高。在教学实践中，教师需要结合学生的实际差异情况，采取全体教学和分层教学相结合的方式，在完成对全体学生的教学目标后，对学有余力的学生施加适当的挑战，对一些学有困难的学生给予重点辅导，真正做到因材施教。

2. 个别指导和小组合作并重

语文课堂上，教师要根据不同学生的学习特点，对个别学生实施有针对性的个别指导，帮助他们克服具体的困难。与此同时，也要积极组织学生开展小组合作学习，让学生之间的互帮互助也能达到"教学相长"的效果。

（二）教学方法和手段多元

1. 直观演示与情景模拟

语文学科的知识具有抽象性，很多内容需要教师加强直观演示，通过生动形象的描述或视听资料的呈现，引导学生形成更加清晰准确的概念和印象。同时，对于一些复杂的语言现象和文学艺术手法，老师可以采用情景模拟的方式，让学生身临其境地感受和体验，从而加深理解和感悟。

2. 探究式学习与合作学习

语文教学中，教师不应囿于传统的知识传授，而应当为学生创设疑难，激发学生的探究欲望，鼓励学生主动思考、共同探讨。在合作学习中，学生可以集思广益、互相交流，不仅能够提升学习效率，还能够培养团队协作和沟通交流的能力。

（三）运用现代教育技术手段

1. 互联网资源的应用

当今互联网时代，语文教育资源日益丰富。教师要充分利用优质网络课程、数字化教材、名家名作视频等线上资源，实现教学延伸和拓展，满足学生的多样化学习需求。同时，网络交流平台也为教师与学生、学生与学生之间的互动提供了便利，有利于提升学生的学习兴趣和教学效果。

2. 多媒体展示与虚拟仿真

多媒体技术的应用使语文教学不再只是枯燥的"读、记、背"，通过图文、音频、视频、动画等形式生动呈现文本内容，能够激发学生的学习兴趣。对于一些艰深难懂的理论知识，也可以通过虚拟仿真技术使之具体化、形象化，从而提升教学效果和学生的学习效率。

（四）差异化作业与实践活动

1. 差异化作业布置

教师在布置作业时，要充分考虑不同学生的知识掌握程度和能力水平，为其设置不同的作业要求和难度等级，使基础较差的学生不会因为无法完成作业而产生挫折感，基础较好的学生也不会感到无所适从。这种差异化的作业布置有利于学生获得成就感，从而保持学习动力。

2. 丰富多样的实践活动

在开展语文实践活动时，应该考虑不同学生的爱好特长，为其提供多种选择，如演讲比赛、诗歌朗诵、戏剧表演等，以满足学生个性化的发展需求。在实践活动中，也可以设置不同的参与形式和难度系数，照顾差异，体现包容。

总之，中学语文教学应该真正贯彻"因材施教、按需施策"的理念，努力为每一个学生创造平等的发展机会，帮助他们充分挖掘潜能、释放个性，在知识、能力、情感等各方面得到全面发展。

第七章　中学语文课程教学实施的挑战与应对策略

第一节　教学过程中的困难与挑战

一、学生学习主体意识和自主能力不足

在中学语文教学过程中，学生学习主体意识和自主能力不足的问题一直存在，这给教学工作带来了不小的困难和挑战。

长期以来，中国的教育模式较为传统，教师在课堂上扮演主导角色，采取填鸭式的教学方式，注重知识的传授和灌输。在这种教学环境下，学生习惯于被动接受老师的讲解，很少主动思考、质疑和探究。他们将自己视为知识的被动接受者，对于自主学习缺乏足够的意识和动力。这种被动的学习状态使学生缺乏主动求知的欲望和好奇心，难以产生强烈的学习动机，也很少去主动发现问题、提出质疑，从而影响了他们对语文学习的主动性和自觉性。作为人文学科，语文教学追求的是培养学生的主体意识，引导学生主动思考、主动表达、主动交流，这与学生的被动接受形成了矛盾。

随着社会的发展和教育理念的转变，现代社会更加强调学生的学习方法和自主学习能力。要求学生具备获取信息的能力、分析问题和解决问题的能力，并能主动规划自己的学习路径。但当前中学生普遍缺乏这些关键的自主学习能力，习惯于被动记忆和机械性练习。在语文学习中，学生缺乏对文本的深入理解，无法有效地提取信息、归纳总结、联系实际。同时，他们还缺少独立查阅资料、制订学习计划、自我监控和调节等自主学习的技能。这就导致了学生的语文学习效率低下，难以真正掌握语文知识和语文素养。

另外，学生对于学习目标的认知不足，往往难以明确自己的学习重点，缺乏清晰的学习方向，导致学习存在较大的盲目性。有些学生仅是为了应付考试而学

习，缺乏对语文本质的理解和认识；有的学生对语文学习的远景规划不足，缺乏对于语文学习能带来的发展前景的认知。这种对学习目标的模糊认知，使得学生在语文学习中缺乏主动性和自觉性。他们被动地跟随教师的教学进度和要求，对于自身的学习缺乏规划和调整，很容易在学习中迷失方向，难以达到最佳的学习效果。同时，盲目性的学习容易使学生产生厌学情绪，对语文失去兴趣，从而影响语文学习的整体质量。

学生学习主体意识和自主学习能力的缺失，不仅降低了语文教学的效率，也阻碍了学生语文素养的全面发展。主体意识和自主能力学习的培养，需要渗透在语文教学的各个环节，让学生在主动参与、自主探索中学会学习。首先，教师要转变教学观念，从知识的单向传授者，转变为学习的引路者，为学生创设主动学习的情境和条件。其次，要注重培养学生的认知能力，鼓励学生对自身的学习过程进行反思，自觉设定学习目标并规划学习路径。再次，教师要设计丰富有趣的学习任务，启发学生的好奇心和求知欲，激发学习动机。同时，教师也要教授学生有效的学习方法和策略，包括文本阅读、批判性思维、协作学习等，引导学生逐步形成自主学习的意识和能力。

二、学生阅读兴趣和阅读能力有待提高

阅读是语文学习的基础，也是语文素养培养的关键环节。然而，当前中学生的阅读兴趣和阅读能力普遍不足，成为语文教学中的一大挑战。

在当代社会，学生面临来自多种媒体和娱乐方式的诱惑，如电视、网络游戏、社交媒体等，吸引了学生大量的注意力，使得学生阅读书籍的时间和兴趣大大减少。很多学生认为阅读枯燥乏味，缺乏阅读的意愿和动力。由于学习压力较大，学生的课外阅读时间有限。他们阅读的书籍种类也较为单一，阅读面较窄，主要集中在课本和教辅读物，对于经典名著、人文社科类书籍接触较少，难以全面提高语文素养。

阅读的本质不仅在于识字和获取信息，更重要的是对文本内容的理解、分析和批判。但目前中学生的语文阅读理解能力普遍较差，往往只停留在字面理解层面，对文本深层次的思想内涵缺乏领悟。这主要是由于长期应试教育的影响，学生习惯死记硬背、应付考试，缺乏深入思考和批判性阅读，较少能从整体上把握文本的中心思想，更少能联系社会现实进行内化消化。

高质量的阅读需要合理有效的阅读方法，当前中学生的阅读方法较为单一，主要停留在线性式逐字逐句的阅读模式上。他们缺少灵活的阅读策略，如预测、

提问、评注、概括等，导致阅读效率低下、理解程度不深。另一方面，部分中学生缺乏良好的阅读习惯。他们的阅读是断断续续、无规律的，没有形成持之以恒的阅读习惯，难以保证阅读质量和阅读效果。

阅读是语文学习的基石，如果缺乏对阅读的热爱和基本的阅读能力，就无法适应语文教学的要求。提高学生的阅读兴趣和能力，首先要充分认识阅读对语文学习的重要性，将阅读教学作为语文教学的重中之重。教师要精心设计各种活动，激发学生的阅读兴趣，如举办读书会、读书分享会、读书营等，让学生在互动交流中体会阅读的乐趣。其次，教师要因材施教，根据不同学生的阅读水平，选择合适的阅读材料，循序渐进地培养学生的阅读习惯。对于阅读能力较差的学生，可以先从通俗读物入手，逐渐过渡到更有深度的作品。同时，要教授多种阅读方法，引导学生主动监控和调节自身的阅读过程。再次，要大力营造阅读氛围，创设沉浸式的阅读情境，让阅读成为一种自然的学习和生活方式。可以建立班级读书角、开设阅读课程、定期组织读书沙龙等，将阅读潜移默化地渗透到学生的学习和生活中。最后，要注重培养学生的批判性思维和创造性阅读能力。教师要引导学生对文本内容进行质疑和反思，鼓励学生从多个视角解读文本，从而提高理解深度。同时也要将阅读与写作有机结合，让学生在写作中不断内化和升华所读内容。

三、学生语文实践和运用能力薄弱

语文是一门实践性极强的学科，语文知识的真正价值在于应用和实践。然而，当前中学生的语文实践和运用能力普遍较为薄弱，存在一定困难和挑战。

长期以来，中学语文教学过于注重对语文知识的系统性讲解，知识点往往过于理论化、概念化，脱离了实际语言的运用情境。这使得学生获得的是一种"高阶抽象"的语文知识体系，却缺乏对这些知识在实践中的应用意识。比如在教授修辞手法时，教师讲解的多是它们的概念和分类，而没有引导学生在实践中感知和把握修辞手法的实际作用和效果。又如在文言文教学中，教师过于强调文法知识的系统性，忽视了文言实际表达的语境和语用环境，从而使学生对文言文产生枯燥乏味的印象。

语文实践的核心在于语言运用能力，即是否能熟练地进行口语交际和书面表达。当前中学生在这两方面的能力均较为薄弱。口语交际能力方面，学生缺乏良好的语言表达习惯，存在语句结构松散、措辞生硬、信息传递不准确等问题。许多学生患有"哑巴病"，在公开场合的表达能力低下，语言组织混乱，自我表达效果差。写作表达能力方面，学生的作文水平普遍不高，主要存在的问题有文字单薄、内容空洞、观点陈旧等。学生普遍缺乏良好的写作素养，如情感体验、细节描写、结构把控等，难以高水平完成写作实践。

　　语文实践和运用能力的薄弱，与语文教学过程中实践环节不足也有很大关系。一方面，传统语文教学更侧重于知识学习，语文实践活动开展得较少，学生缺乏足够的实践锻炼机会。另一方面，即便有实践活动，也往往流于形式，缺乏针对性和系统性。比如，学生书面表达实践的机会较少，对于学生的作文，教师的批改和指导也较为简单，缺乏对学生写作技巧和写作素养的系统培养。口语交际实践环节则更为缺乏，学校和教师很少将演讲、辩论等纳入语文课程，使学生十分缺乏展示和训练的机会。此外，语文实践性教学往往被归于"边缘化"地位，在课时和师资配置上较为薄弱。有些教师对实践环节的重要性认识不足，上课时间主要花在理论讲解上，忽视了对语文实践能力的培养。提高学生的语文实践和运用能力关键在于教学改革和实践性教学模式的构建。首先，语文教师要转变观念，真正将实践能力培养作为教学的核心目标。在知识讲解时就要联系实际运用情境，培养学生的实践意识。其次，要优化教学内容和方式，精减理论知识的篇幅，增加实践活动的机会，让学生在亲身实践中掌握知识、提高能力。在具体教学中，可以采取任务驱动式、情境模拟式、探究式等教学模式，为学生创设真实的语文实践情境，让学生在实践中学习，在学习中实践，形成良性循环。比如通过话剧表演、模拟辩论赛等活动，提高学生的口语交际能力；通过多视角的写作实践，提升学生的写作表达能力。同时，教师也要加强对学生实践过程的指导，帮助学生循序渐进地提升语文实践水平。比如在写作教学中，教师可以分阶段进行指导，先从提纲、布局、材料收集等环节入手，再到组织结构和文字表达，最后修改完善。在口语实践中，教师可以先开展小组训练，再组织全班或多班级的大练习。除了课堂实践外，学校也要注重为学生创造校园语文实践的氛围和条件。比如定期举办语文节、读书会、作家讲座等活动，丰富学生的语文实践体验；组建读书社团、话剧社团、辩论社团等，为学生提供更多语文实践场所和平台。

四、教师教学理念和教学方式较为传统

　　语文教学质量的优劣，很大程度上取决于教师的教学理念和教学方式。在当前中学语文教学中，一部分教师的教学理念和方式仍然较为传统，这成为影响语文教学效果的一大障碍。

第七章　中学语文课程教学实施的挑战与应对策略

受长期应试教育理念的影响，部分语文教师的教学理念较为传统，将语文教学仅仅等同于知识的传授过程。他们过于注重对语文知识点的系统讲解，却忽视了对学生语文能力和语文素养的培养。在这种教学理念的指导下，这类教师课堂教学的重心往往放在知识的"输入"上，而对学生语文实践能力的培养关注较少。这不仅违背了当代语文教育的核心理念，也难以适应学生的实际学习需求。

教学方式的单一，也是当前语文教学中普遍存在的问题。传统的教师教学方式以课堂讲授为主，教师在课堂上长篇累牍地讲解知识点，学生被动地接收和消化知识，缺乏互动、探究和实践等环节。单一的教学方式不利于发挥学生的主体作用，学生很难在这种被动的学习环境中产生学习兴趣和主动性。同时，这种填鸭式的教学方式也影响了对学生独立思考和自主学习能力的培养。

教学评价是教学过程中的重要环节，对学生的学习效果具有导向作用。但当前语文教学的评价方式较为单一，主要依赖于考试，评价内容集中在知识的掌握情况。这种终结性评价无法真实反映学生在语文学习过程中的表现和进步。同时，缺乏多元化的形成性评价，教师难以及时全面掌握学生的学习状况，从而难以进行针对性的指导和反馈。比如学生的课堂表现、实践活动的参与度等都没有被纳入评价体系，影响了评价的全面性。

推动语文教师教学理念和方式的转变、突破传统的教学模式，首先需要教师树立现代语文教育理念，真正认识到语文教学的本质是培养学生的语文素养和实践能力。教学目标不应是单纯的知识传授，而应致力于培养学生的语文思维能力、审美鉴赏能力、语言表达能力等。其次，教师要改革教学方式，努力构建多元化、互动化的新型教学模式。比如采用探究式、任务驱动式、情境模拟式等教学模式，让学生成为课堂的主体，并通过自主探究、协作互动来获取知识和提高能力。同时，教师要充分运用现代信息技术手段，丰富教学形式，增强教学的生动性和趣味性。再次，教师要完善教学评价体系，建立多元化的形成性评价机制。教师不仅要评价学生的知识掌握程度，更要关注学生在实践过程中的表现，全面评价他们的语文素养和能力发展情况。评价内容要包括课堂表现、实践活动参与度、作业完成质量等多个维度。同时，教师也要及时对学生进行反馈和指导，帮助学生发现问题、调整方向。最后，学校要加强对教师的培训和指导，帮助教师更新教学理念，掌握新型教学模式。可以定期组织观摩课、教学研讨会等活动，为教师创造交流学习的机会。同时，也要对教师的教学实践给予必要的支持和保障，为教学改革创造良好的条件。

五、语文课程资源与现代化教育技术利用不足

在新课程理念的指引下，语文教学资源和现代化教育技术的利用程度已经成为衡量语文教学质量的一个重要标准。然而，当前中学语文教学在这两方面还存在许多不足，需要着力加以改善和完善。

语文教学资源是指为语文教学服务的各种载体和媒介，包括课本、教师用书、多媒体课件、音视频资料等。目前中学语文教学所使用的资源过于单一，主要依赖于教材和教辅读物，缺乏多元化补充资源。由于编写体例的限制，课本对语文知识的呈现往往过于系统化，缺乏生动性和趣味性。而且课本所选的文本资料也较为陈旧，不太贴近学生的生活实际，难以激发学生的学习兴趣。此外，配套的教辅资料品种也较为单一，缺乏针对性和创新性。

当代教育技术发展日新月异，为教学提供了许多新兴的手段和载体。然而，这些现代化教育技术在中学语文课堂上的应用程度还不够广泛和深入。一方面，虽然多媒体课件在语文课堂上已较为常见，但其质量有待提高。许多课件制作质量较差，只是简单地呈现文本内容，未能充分体现现代教育技术的优势和特点。另一方面，其他新兴技术如AR、VR、AI等，在语文课堂上的应用还较为欠缺。除课堂教学资源外，校园内外还存在大量可供利用的语文学习资源，如图书馆、网络资源、社会实践资源等，但目前这些资源的开发和利用效率不高。

学校图书馆虽拥有大量文学名著和人文社科类读物，但缺乏针对性的推广和引导，学生自主借阅的积极性不高。互联网上也汇聚了海量的语文学习资源，但由于缺乏专业的甄别和整理，质量参差不齐，学生难以获取优质资源。此外，校外的一些社会实践资源，如剧院、博物馆、报社等，也未被充分纳入语文教学之中。

要改善现状，充分利用语文教学资源和现代教育技术，首先需要大力构建多元化的语文教学资源体系。一方面，可以在编写教材时选用多种文体，选择更贴近生活的材料，增强教材的趣味性；另一方面，要开发和引进丰富多彩的辅助资源，包括影视资源、游戏化资源、VR、AR资源等，为语文教学注入新的活力。其次，要提升现代教育技术在语文课堂上的应用水平。教师不仅要掌握多媒体课件等传统教学技术的运用，还要学习并尝试将新兴技术应用在语文教学中，如AI助教、VR、AR情景模拟等，发挥现代技术的独特优势，提高教学的生动性和实效性。再次，学校要加强对语文资源的整合与开发。一方面，要对校内外的语文学习资源进行系统梳理，建立资源库，方便教师和学生查阅使用；另一方面，要充分发掘社会和自然资源在语文教学中的潜能，如利用博物馆、报社等开

展实践活动，丰富学生的语文体验。最后，要加强对教师现代教育技术应用能力的培养。学校可定期开展各类培训，帮助教师提高对新兴教育技术的认识和掌握程度。同时，要鼓励教师大胆实践，将新技术融入教学实践，并分享心得体会，形成互帮互助和资源共享的良性机制。

第二节 教师专业素养的提升与培训

一、语文教师专业素养的重要性

语文作为中国文化传承和发展的根基，在学生的终身学习和全面发展中扮演着至关重要的角色。作为语文教育的引路人，语文教师的专业素养对提高语文教学质量，培养学生的语文素养和人文底蕴具有决定性作用。因此，我们必须高度重视语文教师专业素养的培养和提升。

（一）专业素养的定义与内涵

所谓专业素养，是指从事某一职业所应具备的综合素质和能力。语文教师的专业素养主要包括以下几个方面：

1. 教育教学理论知识水平

语文教师首先应该具备扎实的教育教学理论基础知识，包括教育学、心理学、课程与教学论等方面的理论知识。这些理论知识为语文教师的教学实践提供了方法与理论指导，能够帮助他们更好地设计教学活动、组织教学过程、评价教学效果，从而提高教学质量。

2. 语文学科专业知识储备

丰富的语文学科专业知识储备是语文教师开展教学的基石。语文教师需要系统掌握语文学科的基础理论知识，包括语言文字知识、文学作品赏析、修辞学等，并对中华优秀传统文化有深入的了解和体悟。另外，语文教师还应具备较高的语文素养，如语言表达能力、文学鉴赏能力等。

3. 教学技能与方法应用能力

优秀的语文教师不仅需要过硬的理论功底，更需要灵活运用各种教学手段和教学方法的实践能力。包括课堂组织与管理、教学设计与实施、师生互动与引导、教学评价与反思等多个方面。熟练掌握各种教学策略，能够因材施教，既是一个成功语文教师的重要标志，也是提高教学效率的关键所在。

4. 教育教学实践经验积累

语文教育是一个高度实践性的过程，优秀的语文教师需要在长期的教学实践中不断积累经验。实践经验的积累不仅包括对教材和教学难点的把握，更包括对学生的认知规律、心理特点的了解，以及遇到教学问题时的应对策略。丰富的实践经验有利于教师掌握更多教学技巧，拥有更高的教学驾驭能力。

（二）专业素养的意义与价值

语文教师专业素养的提升对于学校教育事业的发展至关重要，其意义和价值主要体现在以下几个方面：

1. 提升教师教学水平

一支高素质的语文教师队伍是提升语文教学质量的根本保证。专业素养过硬的语文教师，能够运用恰当的教学理念和有效的教学方法，将生硬的知识融入生动活泼的课堂，激发学生的学习热情，从而提高语文教学的实效性。

2. 促进学生全面发展

语文教育不仅是知识的传授，更是人文素养的涵养。专业素养出色的语文教师，能够在教学中体现语文学科培养学生语文素养、审美情操和人文精神的功能，使学生得到全面发展。

3. 推动学校教育质量提升

语文是中小学最重要的基础学科之一，语文教学质量的高低直接影响着学校整体教育质量的水准。拥有专业素养扎实的语文教师队伍，能有力推动学校语文教学的改革和创新，提升学校语文教育的公信力和美誉度，进而带动学校其他学科建设，全面提升办学质量。

专业素养是语文教师成功执教的关键因素，也是语文教育事业持续发展的根本动力。我们必须高度重视语文教师专业素养的培养和提升，只有建设一支专业素养过硬的语文教师队伍，教书育人的事业才能开花结果，语文教育的未来才能一路向阳。

二、中学语文教师专业素养的内涵与要求

中学语文教师的专业素养主要包括学科素养、教学能力和专业发展三个方面，这三个方面又包含了若干具体要求。

（一）学科素养

学科素养是语文教师专业素养的基础，体现了教师对语文学科本身的掌握程度。一名合格的中学语文教师，应当具备扎实的语文学科素养，主要包括以下几

个方面：

1. 深厚的语文学科知识储备

语文知识博大精深，中学语文教师需要对语文的基础理论知识有透彻的理解，如语言学、修辞学、文体学、文学理论等。同时还要对中国语文发展的历史脉络有全面的把握，对中华优秀传统文化有深入的了解和体悟。丰富的学科知识是教师实施教育教学的根本前提。

2. 对语言文字的理解与把握能力

语言文字是语文学科的核心，语文教师必须具备对语言文字运用规律的深刻理解，能够准确把握语言文字的内涵和特点。这不仅需要扎实的理论基础，更需要具备对语言文字的敏锐感知力和运用的能力，如语言表达、书写修辞等。

3. 文学作品的理解能力

语文教学离不开丰厚的文学作品，语文教师必须对经典文学作品有深入透彻的理解。通过熟读名著名作，教师要能体会其语言之美、思想之美和艺术之美，领悟其思想内涵和文化意蕴，为学生注解作品和解疑答惑做好充分准备。

（二）教学能力

教学能力是语文教师专业素养的核心体现，直接决定了教学效果的好坏。一名优秀的中学语文教师，应当掌握扎实的教学能力，主要包括以下几个方面：

1. 设计与实施多样化的教学活动

课堂教学是语文教学的主阵地，语文教师应当精通设计组织各类教学活动的理论与方法。活动设计要体现多样性，如讲授、演示、探究、实践、游戏等，以激发学生的学习兴趣，增强课堂互动性。同时教师还要能有效实施各类教学活动，把控好节奏和难度。

2. 创新教学方法与教学手段的应用能力

随着现代教育理念和教学模式的不断变革，语文教师必须努力创新教学方法，掌握新型教学手段。如运用启发式、探究式、合作学习等教学方法，促进学生主动建构知识；利用多媒体、VR等信息技术手段，提高教学的生动性和直观性。

3. 因材施教的能力

学生个体差异是客观存在的，语文教师要具备因材施教的能力，根据学生的不同特点，为其提供个性化的学习指导。教师应当了解学生的兴趣爱好和学习基础，设计有针对性的教学策略；关注学生的成长需求，给予适当的情感疏导和生涯规划指导。

（三）专业发展

专业发展是语文教师不断提升专业素养的重要途径。一名出色的语文教师，应当具有持续学习和终生成长的意识和能力，主要包括以下几个方面：

1. 持续学习与自我提升的意识

语文教师必须树立终身学习的理念，保持对知识的渴求和对事物的好奇心。要主动学习教育教学新理论、新方法，跟上时代发展步伐，也要不断反思自身的教学实践，总结经验，发现不足，有意识地促进自我提升。

2. 积极参与学科教研与专业交流

语文教师要主动参与校内外的教研活动和学科交流，这有利于促进思想的碰撞和成果的分享。通过定期参加观摩课、研讨会、读书会等，聆听同行的心得体会，能够吸纳先进的教育理念，不断完善自己的教学方法。

3. 不断反思与改进教育教学实践

教学实践是语文教师专业成长的重要途径，但实践的过程并非一蹴而就，需要不断的反思和改进。语文教师要经常总结教学案例，分析自身教学中存在的问题，并寻找改进的措施，将理论与实践紧密结合，不断优化自身的教学水平和专业素养。

三、中学语文教师专业素养提升的途径与方法

要不断提高中学语文教师的专业素养，关键在于建立多元化的发展途径，采取有效的提升方法。通过系统培训、实践锻炼、研究写作等多种途径，语文教师才能全面提升学科知识、教学能力和专业发展意识，为语文教育事业的发展贡献自己的智慧和力量。

（一）专业培训与研修

学校或教育主管部门定期组织的培训课程，是语文教师系统学习先进理论和实践经验的重要途径。语文教师要积极报名参加包括教育理论、课程设置、教学设计、现代教育技术等方面的培训，不断拓宽专业视野，掌握前沿知识。语文学科的理论知识和实践技能需要语文教师持续研修巩固。参与由高校语文教育专家或资深一线教师主讲的专业研修活动，如讲座、实训、工作坊等，可以补充更新教师的语文学科知识，提高语言文字运用和文学作品赏析等核心能力。教育教学领域的大型会议和论坛，往往能聚集业内专家学者，分享前沿理念和最新研究成果。通过积极参与这些会议，旁听大咖们的演讲和交流，教师能够开阔视野，激

发思考，促进自己的教学创新。

（二）教学实践与经验分享

语文教学实践是教师专业素养提升的重要途径。语文教师要踊跃参与教学实践活动，如授课、观摩课、说课等，在实践中锻炼教学设计、组织实施、师生互动等能力。尤其是青年教师，更要勤于实践，在反复磨合中提高自己的教学能力。教学案例分享是一种行之有效的专业发展方式。语文教师要积极参与校内外同行组织的教学案例交流活动，包括集体备课、说课、评课等，向优秀同行学习先进教学理念和精彩教学设计，达到取长补短的目的。每一节生动的语文课，都蕴含着宝贵的教学经验。语文教师要养成总结和反思的习惯，记录和思索每一堂课的得与失，及时发现教学中的亮点和不足，并针对性地做出改进，实现教学设计和实施的完美对接。

（三）研究性学习与论文写作

专业期刊和专业著作是语文教师进行研究性学习的重要资料。语文教师应当关注国内外优秀的教育教学理论研究成果和教育前沿的新理念新方法，并结合自身实践进行消化吸收，从而不断提升专业视野和理论修养。论文写作不仅是对所学知识的总结，更是对教学实践的深入思考。语文教师应勤于撰写教育教学论文或研究报告，将自己对语文教育的独到见解和宝贵经验系统地呈现出来，为同行提供借鉴，促进整个教师队伍专业素养的提升。除个人论文写作外，语文教师还可以主动参与由校内外专家学者牵头的教学研究项目或专题课题研究。通过团队合作的形式，既可以切实提高个人的科研能力，又可以为语文教育改革与发展贡献自己的智慧和力量。

四、中学语文教师专业素养提升的实践路径

提升专业素养是一个渐进的持续过程，需要语文教师在日常的教育教学生活中不断实践和努力，并做好全面系统的规划和安排。

（一）个人发展规划与目标设定

个人发展规划的第一步，就是准确分析自身的专业素养现状。语文教师要全面审视自身在语文学科知识、教学能力、专业发展意识等方面存在的不足，并结合自身的职业规划和发展需求，明确需要着重提升和改进的方面。在对现状和需求有了清晰认知后，语文教师要为自己制订切实可行的专业发展目标，并分阶段、分领域拟定相应的实施计划。目标和计划的设定要遵循合理性、可达性和可

衡量性原则，对标中学语文教师的职业要求，与学校发展战略相结合。确立了发展目标和计划后，语文教师需要进一步制订实施的具体策略和配套措施。如参加哪些培训项目、参与哪些教研或社团活动、向何人求教、阅读哪些专业书刊等，都需要有明确的方案。同时也要预留调整机制，以保证发展计划的灵活性和可执行性。

（二）系统培训与学习

参加针对性的教师培训课程是提升专业素养的有效途径。语文教师要主动关注并积极报名参加学校、教育主管部门或其他机构举办的各类培训，内容应涵盖教育理论、教学技能、学科知识等多个层面。同时也可以根据个人需求选修网络在线课程，随时随地进行学习。语文教师不仅需要拥有广博的专业知识，更需要对其不断更新和拓展。因此，语文教师必须树立终身学习的理念，通过系统化的自主学习来补充新知识，跟上学科发展的前沿步伐。如定期阅读语文教育类期刊、研究专著，关注行业内的新理论新方法。理论学习和实践应用是相辅相成的。语文教师在学习新知识后，要及时对其进行反思消化，思考如何将其运用于教学实践。同时也要对实践进行反思总结，形成自己的独到体会和经验，为理论发展贡献自己的智慧。如此反复进行学习、实践与反思，才能真正实现知行合一。

（三）专业社交与合作

教研活动和学科交流是语文教师专业发展的重要平台。语文教师要主动参与校内外同行组织的教研活动，如集体备课、说课评课、专题讲座等，与同行们积极交流心得体会，取长补短，共同进步。此外还可以利用互联网社交工具，加入线上教学社群，实现跨区域的专业交流。

语文教师也可以考虑加入相关的教育教学组织或团体，如语文教育研究会、中学语文教师协会等。通过组织内的交流互鉴、培训研修、项目合作等形式，语文教师能更好地融入同行圈子，拓宽专业视野，促进专业成长。

总之，中学语文教师专业素养的提升需要遵循一定的实践路径：首先，要从个人出发，结合自身的职业规划和发展需求，制订切实可行的发展计划。其次，要通过系统培训和自主学习，不断丰富自己的知识储备。最后，要主动融入专业圈层，与同行合作互鉴，实现共同成长。只有循序渐进、持之以恒，语文教师才能在漫长的职业生涯中不断焕发新的专业活力，为语文教育事业的发展贡献自己的智慧和力量。

第三节　中学语文课程教学实施的应对策略与建议

一、中学语文课程教学实施的应对策略

（一）发挥师生的主动性与创造性

1. 师生平等对话

师生平等对话确保了师生之间的交流是在相互尊重、彼此平等的基础上展开的。在平等对话的氛围中，师生可以畅所欲言，共同探讨问题，从而激发出双方的主动性和创造性。

长期以来，传统的教学模式使得教师往往处于主导地位，学生只是被动接受知识。这种不平等的关系导致了学生的主动性和创造性受到了抑制。因此，教师需要转变观念，认识到学生也是有思考能力和创造力的个体，应该给予他们更多的话语权和自主权。因此，教师需要采用更加灵活多样的教学方法，例如启发式教学、案例教学、问题解决式教学等，激发学生的思维，培养他们的创造力和解决问题的能力。

教师应该创造一个开放、包容的教学环境，鼓励学生敢于表达自己的观点，尊重每个学生的独特性，激发他们的学习兴趣和潜能。在教学过程中，教师应该注重学生的参与度，鼓励他们积极参与讨论、提出问题，从而激发他们的思维。同时，教师应及时给予学生反馈，帮助他们及时纠正错误，提高学习效果。

构建平等对话的教学过程是提高教学质量、激发学生主动性和创造性的关键。只有在平等的基础上，师生之间才能真正实现有效的沟通和交流，从而推动教育事业的发展。

2. 以生为本策略

在语文教学中，教师应该充分尊重学生的主体地位，让他们成为学习过程中的主角。

教师应该相信学生具有探索和领悟的能力，要摒弃对学生包办代替的倾向，为他们创造自主学习的环境和条件。学生的自主学习动力源于他们对学习内容的兴趣和动机。因此，教师应该通过生动的教学方式和丰富的教学资源，激发学生的学习兴趣，让他们愿意主动参与到学习过程中来。每个学生都是独一无二的个体，他们具有不同的学习方式、学习节奏和学习习惯。因此，教师应该尊重学生

的个体差异，给予他们充分的选择权和自主权，让他们能够按照自己的方式进行学习，发挥出个人的潜能。学习是一个积极的过程，学生需要得到教师的鼓励和支持，才能更好地发挥自己的主动性和创造性。因此，教师应该给予学生足够的信任和认可，鼓励他们敢于表达自己的观点和想法，从而建立起一个积极向上的学习氛围。

3. 重新定位教师的角色

在教学过程中，教师的角色不仅是传授知识，更重要的是成为学习活动的组织者和引导者。这种角色转变需要教师更新观念、提升素养，并学会灵活运用各种教学策略，以更好地满足学生的学习需求。教师应意识到自己的一切工作都是为了学生的发展，不再将自己定位为知识的传授者，而是将学生的学习需求放在首位，成为他们学习道路上的引导者和助手。教师需要不断提升自己的综合素养，包括学科造诣、组织能力和教学艺术等方面的素养。只有具备这些素养，教师才能更好地担当起组织者和引导者的角色。

作为组织者，教师需要善于组织教学资源，创造性地使用教材，同时积极开发课程资源，为教学活动提供支持和保障。作为引导者，教师应增强教学策略意识和决策能力，灵活运用多种教学策略，并遵循语文教学的规律，引导学生在实践中掌握知识，培养他们的学习能力和解决问题的能力。

（二）语文教学要体现语文的特征

实践性和综合性是语文的主要特征，在语文教学中必须加以体现。启发式教学的核心是教师的引导，让学生通过主动学习获取知识。讨论式教学则是让学生在互相交流和思辨的过程中学习和成长。在启发式和讨论式教学中，教师的角色是引导和激励学生学习，而不是简单地传授知识。教师将教学内容转化为学习问题或任务，激发学生的学习兴趣和动机。通过这种方式，学生将更加积极地参与到学习过程中，从而实现实践性和综合性的语文学习目标。

新的语文课程构建了以知识和能力、过程和方法、情感态度和价值观三个维度为基础的课程目标体系。其中，知识和能力、情感态度和价值观主要包含在语文的内容本体中，而过程和方法主要体现在教学实施中。

在语文教学过程中，语文的内容本体和教学实施是密切相关的。因此，教师在组织教学过程时应重视"三维"元素之间的有机联系，综合考虑它们的互动关系，以提高教学效果。教师应将语文知识和能力与过程和方法相结合，设计丰富多样的教学活动，帮助学生在实践中掌握语文知识，提升语文能力。例如，通过阅读、写作、口语表达等活动，培养学生的语言表达能力和批判性思维。教师还应注重培养学生的情感态度和价值观。在语文教学中，教师可以通过文学作品、诗歌赏析等方式引导学生感悟人生、培养情感品质、塑造正确的价值观。教师要灵活运用不同的教学方法和策略，使"三维"元素能够有机融合，形成综合性的教学效果。例如，结合课堂讨论、小组合作、项目学习等多种教学形式，促进学生在语文学习中的全面发展。

长期以来，语文教学过于强调对"听、说、读、写"等单一技能的训练，而忽视了语文的综合性特征以及与实际生活的密切联系。为了体现语文的综合性，在教学中可以采取以下措施：

从学生的生活实际出发，广泛利用语文教育资源。语文教学不能仅限于课堂，还应该与学生的生活相联系。学生的生活丰富多彩，其中蕴含着丰富的语文教育资源。教师可以通过引导学生观察、感悟生活中的各种现象和事件，从而拓展语文教学的内容，使之与学生生活的联系更为紧密。教师可以组织学生参加社区活动、实地考察等活动，让学生在真实的环境中感受语文的魅力，拓展他们的学习空间。通过开展综合性的语文活动，培养学生在实践中综合运用语文知识解决问题的能力。这些活动可以包括语言艺术展示、文学创作比赛、实践性写作等，通过这些活动，不仅可以提高学生的语文素养，还可以培养其综合运用语文知识的能力，从而更好地适应未来的社会生活。

三、重视情感、态度、价值观的正确导向

情感、态度、价值观的教育是语文教学不可或缺的重要内容。这些因素不仅渗透于语文教材中，也体现在语文教师的人格风范和教育行为中。因此，教师不能将其视为语文教学的附加任务，而应将其视为语文教育内容的核心组成部分。在教学中，教师应关注教材中反映的道德情操、审美情趣、人生态度和价值观等内容，并运用适当的教学策略，为学生传输这些积极观念和优秀品质。语文教学不仅是知识的传授，更是情感、态度和价值观的塑造。通过文学作品阅读、文学赏析、写作等活动，教师可以引导学生感悟人生、树立正确的人生观和价值观。同时，教师的言行举止也是学生情感态度和价值观形成的重要影响因素。因此，教师应注重自身的修养和品德建设，以身作则，为学生树立良好的榜样。

情感、态度、价值观的教育应该贯穿于语文教学的整个过程中。这意味着语文教学不应只关注言语技能的培养，而应将学习语文与学会做人结合起来。语文教师在教学实践中应该坚持以下原则：

渗透性原则：将情感、态度、价值观教育渗透于语文教学的方方面面。无论是课文的选择、教学方法的运用，还是教师的言传身教，都应该体现出对学生情感态度和价值观的关注和引导。

综合性原则：语文教学不仅是为了提高学生的语言技能，更重要的是培养他们的情感、态度和价值观。通过文学作品的阅读、作文的写作，以及语言表达的训练等活动，教师可以引导学生感悟人生、树立正确的人生观和价值观。

潜移默化原则：教师应善于利用教材中的积极因素，潜移默化地影响学生。通过精心设计的教学活动和课堂氛围的营造，使学生在学习语文的过程中不知不觉地受到情感、态度和价值观的熏陶感染。

（四）正确处理语文素养和创新能力的关系

重视培养学生语文基础一直是中国语文教育的核心思想。在相当长的时间里，掌握语文基础知识和培养语文基本能力不仅是语文教学的首要任务，也是语文教学目标的核心内容之一。然而，随着当今社会的发展，在新的语文教育理念中，对学生创新能力的培养也愈发受到重视。因此，"正确处理基本素养和创新能力的关系"成为当今语文课程实施的一项重要原则。

语文的基本素养包括语言的积累、感悟和运用，以及听、说、读、写等语文基本技能的掌握。这些基本素养是语文综合素养的基础，是形成和发展语文综合素养的关键元素。只有打下扎实的语文基础，学生才能够在后续学习中更加轻松地掌握知识，形成全面的语文综合素养。在语文教学中，教师应在注重学生语言积累的同时，通过多样化的教学方法和活动，培养学生对语言的感悟和运用能力。同时，教师也应该注重培养学生的听、说、读、写等语文的基本技能，使他们能够运用流利的语言进行交流和表达。这些语文基本素养的培养不仅有助于学生语文综合素养的形成，也为他们后续的学习和生活打下了坚实的基础。

创新能力是人类不断超越现实、推动社会进步的原动力。为了培养学生成为具有创新能力的人才，语文教学必须注重开发学生的创新潜能，并通过自主、合作、探究的学习过程，激发学生的创新欲望和能力。在语文教学中培养学生的创新能力具有重要意义。首先，创新能力的培养有助于学生个体的持续发展。通过创新活动，学生可以不断挑战自我，超越现实，从中获得成就感和满足感，从而激发他们的学习动机和主动性。其次，培养创新能力有助于学生在未来社会中更好地适应和应对社会发展。现代社会发展迅速，需要具有创新精神的人才来应对各种挑战和机遇，而语文教育可以为学生的创新能力培养提供重要支持和保障。

在培养学生创新能力的同时，也要注重对其基本素养的培养。语文基础素养是培养学生创新能力的基础，只有打下扎实的语文基础，学生才能更好地运用语言文字进行创新思维和创造性表达。因此，语文教学必须将培养学生的基本素养与创新能力有机地结合起来，通过丰富多彩的教学活动和实践体验，促进学生的全面发展。

（五）教学策略的选择要遵循规律

教学策略的选择至关重要，它直接影响着学生的学习效果和未来发展。

教师在选择教学策略时应该充分考虑学生的年龄特点和心理需求，以确保教学方法与学生的身心发展水平相匹配。例如，针对不同年龄段的学生，教师可以采用不同的教学方式和活动形式，以激发学生的学习兴趣和主动性，促进其语文素养的全面发展。语文学习具有自身的规律性，例如，语文学习需要结合实际生活进行，注重情感体验和思维表达等。因此，教师在选择教学策略时应该考虑到语文学习的特点和规律，灵活运用各种教学方法和教学手段，使学生能够在实践中感悟语文的美，掌握语言的运用技巧。例如，通过阅读文学作品、实践写作、讨论交流等方式，能够激发学生的学习兴趣，提升其语文素养。

二、中学语文课程实施的具体建议

（一）识字写字教学策略

识字写字教学在中学语文教学中仍然占据着重要的位置。针对这一教学任务，教师需要制订相应的教学策略，以便有效地促进学生的识字、书写和书法审美能力的提升。

针对识字写字教学，教师应重点关注三个方面的内容：增强学生独立识字能力，提高学生书写速度，让学生体会书法的审美价值。通过采用翻查字、词典等方法，教师可以帮助学生培养独立认识生字的能力。同时，规范的行楷字体练习有助于提高学生的书写速度和准确性。此外，通过临摹名家书法字帖，学生可以深入感受中国书法的美妙与文化内涵，提升他们的审美能力。

（二）阅读教学策略

中学阅读教学以篇章阅读实践为主，旨在培养学生的阅读能力。

教师需要注重多样化的教材使用和深入的阅读指导。可以结合新课标推荐的优秀诗文篇目和课外阅读篇目，根据学生的学习需求灵活选择阅读内容。重点在于让学生感受、理解、欣赏和评价作品，理清思路，了解作品的主要内容和表达方式，评价作品的思想倾向，欣赏作品的意境和形象。同时，要注重语言学习，关注重要词句的意义和作用，掌握基本的语法知识和修辞方法，以及对作家作品知识和文化常识的积累。

阅读教学要构建启发式的教学过程。教师应引导学生提出问题，并通过组织讨论解决问题，从而培养学生的探究性和创造性阅读能力。同时，教师应充分尊重学生的个性化阅读需求，为其提供个人阅读的时间和空间。最后，在阅读教学中，对语法和修辞的教学应贯穿于整个阅读教学过程中，采取"随文而学"的策略，使学生能够在实际阅读中理解并运用语法规则和修辞手法。

（三）写作教学策略

中学语文写作教学主要包括常用文体的写作、各种写作技巧以及表达方式的恰当运用。教师应着重指导学生掌握记叙文、说明文、议论文和日常应用文等常用文体的写作技巧，并培养学生在写作过程中搜集素材、构思立意、列纲起草、修改加工等方面的能力。

在写作教学中，教师要注重激发学生的写作兴趣和促进学生的写作实践。教师可以通过明确写作目的和对象、鼓励想象以及减少写作束缚等方式激发学生的写作兴趣。同时，结合实际生活情境，引导学生多写生活文章，并允许学生在交流合作中进行小组式写作，以促进学生的写作实践。

（四）口语交际教学

口语交际教学直接关系到学生在日常生活和学习中的表达能力和沟通能力。中学阶段的口语交际教学要重点培养学生与不同对象、在不同场合的交际能力，以及综合理解话语、表情、手势等方面的能力。同时，要求学生掌握较高水平的述说、讨论、即席讲话和主题演讲等口语方式，并关注口语交际中的表情和语气。教师可以通过模拟交际情境或日常生活实际对学生进行口语交际训练。在组织学生训练时，可以采用结对子或分组的组织方式，以促进学生之间的互动和交流。口语交际教学的重点在于寻找和设计贴近学生生活的话题，熟悉的话题更容易引发学生的口语交际行为。口语交际能力是一种实践能力，因此过多地传授口语交际的知识是不必要的，教师应通过示范来引导学生领会和掌握口语交际的技巧。教师的示范可以帮助学生通过观察和模仿来提高口语交际的能力，并在实践中不断地加以巩固和提升。

（五）语文综合性学习的策略

教师应注重选取适合开展语文综合性学习活动的内容。语文综合性学习包

第七章　中学语文课程教学实施的挑战与应对策略

括语文知识的综合运用、听说读写能力的整体发展、语文课程与其他课程的沟通以及书本学习与实践活动的结合。在中学阶段，教师可以从学生感兴趣的学习问题、生活问题以及社会热点问题入手，设计开展相关的语文综合性学习活动，以激发学生的学习兴趣和主动性。教师应提供多样化的学习方式和活动形式，以促进学生的综合性学习能力的发展。在中学阶段，主要的语文综合性学习方式包括文学活动、主题研究活动和展示活动。这些活动的开展可以帮助学生在实践中掌握语文知识、提高语言表达能力，并培养学生的合作精神和创新能力。

　　在组织语文综合性学习活动时，教师需要遵循自主性、综合性和合作性的原则。自主性原则要求活动由学生自行设计和完成，以培养学生独立解决问题的能力；综合性原则要求跨学科、跨领域地开展活动，以拓展学生的学习视野；合作性原则要求以小组形式开展活动，要求学生共同完成活动任务，以培养学生的团队合作能力。

　　此外，教师还需要注重引导学生正确把握学习过程和方法。语文综合性学习涉及的知识范围广泛，问题复杂多样，因此教师应指导学生从"如何进行"这一角度进行学习和探究。通过正确的指导和引导，学生可以更好地理解和掌握相关的语文知识，并将其运用于实际问题的解决中。

第八章　中学语文课程教学的未来发展趋势

第一节　中学语文课程教学的未来发展趋势展望

一、信息技术与语文教学进一步融合

信息技术在未来语文课堂上的应用将更加广泛和深入。AI、VR、AR等新兴技术将为语文课堂注入新的活力，为学生创造身临其境的沉浸式学习体验。学生可以身临经典文学作品中的场景，提高对作品的理解；也可以通过虚拟旅行等方式感受不同地区的文化习俗，拓展国际视野。大数据、云计算等技术也将推动语文教学模式的变革。教师可以精准掌握每个学生的学习数据，从而有针对性地为其提供个性化的学习资源和反馈指导。同时基于云端的协作办公，将使师生互动、作业批改等更加高效便捷。总的来说，信息技术将渗透到语文教学的方方面面，不断重塑语文教与学的过程，为语文教育带来全新的教学模式和体验。

二、课程内容越发多元化与国际化

随着世界一体化进程的加快，中学语文课程内容也将呈现出多元化和国际化的发展趋势。一方面，语文课程将不仅关注对语言文字的学习，还会更加重视对文化的传承和人文素养的培养。中华优秀传统文化精神将融入语文课程之中，引导学生培养文化自信和家国情怀。语文课程将加大对外国优秀文学作品和文化知识的介绍，帮助学生拓展国际视野，培养其跨文化理解和交流能力。比如设置一些经典外国名著学习模块，或者在教材中加入与其他国家语言文化相关的内容。语文教学也将朝着个性化和多样化的方向发展。教材内容的编排会更加模块化和项目化，既有必修的模块，也有诸多选修模块，以满足不同学生的个性化学习需求。

三、个性化与差异化教学成功推进

未来中学语文教学将逐步实现真正意义上的个性化和差异化教学。在课程设置和教学内容上将更加模块化和多样化，允许不同学生根据自身兴趣特长进行选择性学习。比如可以开设诗歌创作、戏剧表演、议论文写作等不同的选修课程模块。教师将充分利用大数据和 AI 等新技术，对每一位学生的认知基础、学习能力、兴趣爱好进行精准分析，据此制订个性化教学方案，并根据学生在学习过程中的表现实时做出调整。同时，线上线下混合式的教学模式也将成为常态，学生可根据自身学习情况自主选择课堂授课、在线课程、个性化辅导等不同的学习方式。这种个性化与差异化的教学模式，将最大限度激发学生的学习动机和潜能，促进学生的个性发展。

四、教师角色的转变

随着教育理念的更新和教学模式的改革，未来语文教师的角色和职责也将发生转变。传统的教师角色将逐渐转变为多重角色。教师不仅要扮演知识传递者的角色，更要成为学习促进者、学习伙伴、学习探究者等。教师需要引导启发学生主动学习、合作探究，而非单纯的传授知识。教师也将成为学习设计师，根据学生的实际需求和学习特点，设计并开发丰富多样的学习项目和资源，为学生量身定制个性化的学习方案。随着信息技术在教学中的广泛运用，语文教师还需熟练掌握现代信息技术，将其与语文教学有机整合，激发课堂教学新的生机与活力。教师角色的转变，将推动语文课堂朝着更加民主化、互动化的方向发展，真正实现以学生为中心的教育理念。教师将与学生形成平等的师生关系，共同感受并分享语文学习的乐趣。

五、语文课程教学的可持续发展

可持续发展教育理念的提出，要求语文课程教学也必须与时俱进。语文课程教学要注重培养学生的可持续发展意识和能力，为社会的可持续发展贡献力量。未来语文课程将更多地融入可持续发展的内容元素，如环境保护、生态文明、资源节约等主题，引导学生树立正确的价值观和可持续发展的生活理念。比如在语文教材和教辅选编时，可以选取一些体现环保主题的作品，激发学生对自然的热爱和对环境的保护意识。语文课堂上，教师不仅要在知识传授中体现可持续发展理念，在教学方式方法上也要注重绿色低碳。比如积极推行线上教学、电子课件替代印刷教材等措施，减少纸张浪费；鼓励师生使用可重复使用的环保教学用品；合理控制多媒体设备的使用，节约能源等。语文课程的根本目标是培养学生的语文核心素养，而可持续发展意识、社会责任感等正是语文素养中的重要组成部分。教师要注重在语文教学中体现可持续发展的理念，培养学生的环保意识、人文关怀、创新精神等。比如通过主题班会、实践活动等形式，引导学生体验并内化可持续发展的理念。

可持续发展教育不仅需要教师的努力，更需要家庭、学校和社会的通力合作。家长要为孩子树立环保、节俭的价值观，并以身作则。学校要积极开展社区实践活动，将语文学习与生活实践有机结合，促进师生践行可持续发展理念。社会各界也要为中小学生提供相应的实践平台。

第二节 信息技术与教育创新对语文教学的影响

一、信息技术对语文教学资源的重构

随着信息技术的不断发展，它正深刻改变着语文教学资源的组织方式和利用形态，为语文教育带来全新的机遇和挑战。语文教学亟需借助信息技术的力量，实现教学资源的重构与优化，以适应时代发展的需求。

（一）数字化资源的整合与共享

通过数字化手段，系统整合语文学科的各类教学资源，如课本课件、教学视频、微课程、习题库、教学案例等，构建多媒体、多元化的语文数字化资源库。资源库既包含结构化的知识内容，也涵盖非结构化的实践案例，能够满足不同学习者的需求。

基于互联网和云计算技术，打造跨校区乃至跨区域的语文教学资源共享平台，实现优质教育资源的开放共享。教师和学生可以在平台上发布、获取所需资源，促进教学资源的流通和交互，避免教学资源的重复建设和闲置浪费。

充分利用国内外已有的各类开放资源库获取的优质语文教育资源，如资源共享课、文学名著视频讲座等，将其纳入本土教育资源库，为教师和学生提供更为丰富的学习资料，开阔视野。

（二）云计算与大数据的应用

借助云计算和虚拟化技术，搭建基于互联网的语文教学资源云平台，实现

多终端的教学资源上传、存储、整合、发布与获取。云平台可以有效节约硬件投资，提高资源利用率，为广大用户提供便利的资源服务。

通过对学生的学习行为和教学活动产生的海量数据进行采集和分析，可以发现学生在学习过程中普遍存在的问题，为教学决策提供数据支撑。例如，围绕学生的知识掌握情况、学习难点和学习偏好进行数据挖掘，能够为教学调整和个性化辅导提供参考。

基于大数据和 AI 技术，可以对学生的历史学习行为数据进行分析，从而了解学生的学习特点，并结合学习内容的知识特征，为学生推荐个性化的学习资源和路径。这有助于满足不同学生的个性化学习需求，从而提高语文学习的针对性和学习效率。

（三）知识图谱与智能搜索

借助知识图谱技术，对语文学科所涉及的知识概念、关系等进行结构化组织和展示，并与相关语义资源进行有机关联，构建全面的语文知识图谱。知识图谱能够为语文学习提供扎实的知识支撑，并可与 AI 技术深度融合，为学生提供智能化的服务。

基于知识图谱和语义技术，可以为学生提供更加精准的知识检索和推荐服务。学生在提出问题时，系统能够理解用户的语义需求，结合知识图谱进行智能化的检索、解答和推理，为学生提供有针对性的知识建议，从而满足学生多样化、个性化的学习需求。

借助智能检索与推荐服务，一方面有助于学生开展自主探究，拓展知识面，另一方面也可以帮助学生获取个性化的学习辅导，提高自主学习的效率。同时，基于学习行为分析，系统可以实时跟踪学生的学习进度，并对学习路径进行及时调整。

二、教育创新推动语文教学内容的更新

当代社会发展日新月异，知识领域、生活方式、职业需求都在不断变化，这对教育提出了新的挑战。语文教育作为培养学生人文素养的关键学科，亟须进行相应的创新与调整，以适应时代发展的形势，满足学生成长成才的新需求。

（一）跨学科融合的教学内容

语文学科在很大程度上承载着文化传承和人文教育的使命，因此，语文教学内容应当与历史、文化、艺术等学科有机融合，培养学生的综合文化素养。语文

与历史、文化的结合有利于学生对中华传统文化的认同和传承。在语文教学中，可以选取反映中华文化精髓的经典文本，如《论语》《诗经》等，让学生领略其中蕴含的人文精神和文化内涵；也可以安排对史诗戏剧、史传民间文学艺术等的学习，加深学生对中华历史文化的理解。语文与艺术的结合可以培养学生的审美情趣，丰富学生的学习体验。在欣赏文学作品的同时，融入相关的音乐、绘画、影视等艺术形式的欣赏与体验。例如在学习《枫桥夜泊》时，不仅要领会作品的文学价值，也可以欣赏与诗歌相关的绘画作品，感受诗画的融合之美。在STEM（科学、技术、工程、数学）教育理念的影响下，语文教学也应当与其他学科进行创新性融合。比如，可以设计一些基于真实情境的跨学科项目，要求学生综合运用语文、数学、科学等多学科知识进行探究和实践。例如设计"打造智能城市"项目，让学生综合运用语文、数学、计算机等学科知识，撰写智能城市规划、编写城市管理程序等。

（二）生活化与实践化的教学内容

语文教育的本质是培养学生的语文素养和人文素养，而这种素养的培养不能仅停留在书本理论层面，需要与生活实际相结合。

语文教学内容要紧密联系学生的生活实际。语文教材文本选择上，要涵盖学生身边的人和事，反映他们的成长历程、家庭生活、与同龄人的关系等，引起学生的共鸣。语文课堂教学时，要鼓励学生举一反三，联系生活实际进行探讨和表达。语文教学要注重实践性，培养学生的社会实践能力。可以组织学生走向生活实境，开展社会调查、访谈等研究活动，了解社会现象，发现社会问题，并提出解决方案。例如可以以"乡村振兴"为主题，由学生实地考察农村发展现状，采访当地村民，撰写调研报告，并提出可行的规划建议等。通过生活化与实践化的语文教学，学生不仅能够掌握语文知识，而且能够提升批判性思维能力、解决问题的能力和沟通表达能力，为未来的学习生活奠定基础。

（三）个性化与多样化的课程设计

每个学生在兴趣特长、学习进度上都存在较大差异，传统的"一刀切"式课程设置很难满足学生多元化的学习需求。因此，在语文教育中需要开发设计个性化和多样化的课程，促进因材施教、分层教学。首先，可以为学生开设选修课程，让学生自由选择自己感兴趣的学习内容。其次，要大力开发校本课程，将本地区的历史文化、人文特色融入教学内容之中。学校不仅可以根据学校特色和师资禀赋开设校本专题课程，也可以在语文必修课中融入本地文化元素。最后，在语文基础内容的教学上，也可以根据学生的基础水平进行分层教学。对于基础较差的学生，教师应当着重夯实其基本知识技能。对于基础较好的学生，则可以安排拓展性的学习内容，培养其高阶思维和创新能力。

三、创新技术对语文教学方法的影响

（一）互动式电子白板与智能课堂

互动式电子白板是将传统黑板与现代信息技术相结合，成为课堂教学中师生互动的新平台。教师可以在电子白板上书写、标注、播放多媒体素材，呈现丰富生动的课堂内容；学生也可以在白板上勾画、编辑、演示等，实现全员参与式的互动学习。

与此同时，智能课堂管理系统的应用，使教室硬件设备与教学软件有机结合，进一步提高了课堂教学的效率和效果。通过智能系统，教师能够精准掌控每一个学习环节，优化教学流程。学生也能通过手持终端设备随时参与互动，获取个性化的学习资源和反馈。

在语文课堂中，电子白板与智能课堂的运用可以大大增强师生互动，提高课堂参与度。比如在学习诗歌作品时，教师可以通过多媒体展示诗歌的创作背景、赏析视频等，激发学生的学习兴趣。在学生朗诵和讨论时，又可以通过白板进行标注、汇总等，促进师生的即时互动交流。

（二）移动学习与微课的应用

随着智能手机、平板电脑等移动设备的普及，移动学习成为一种新型学习方式。学生只需通过手机或平板，即可随时随地接收语文学习资源，掌握语文知识。移动学习具有自主性强、分布式、情境化等优势，非常适合语文这样偏重实践训练的学科。与此同时，微课作为一种由小视频构成的在线教学形式，也被广泛应用于语文教学当中。语文学科中有大量的知识点、技能训练环节，很适合通过微课的方式进行精讲和复习。教师可以根据不同知识点自己录制微视频，也可利用微课平台上已有的优质课程资源，为学生构建自主学习新路径。移动学习和微课的应用，为学生提供了海量优质的个性化学习资源，增强了学生学习的自主性和灵活性。同时，教师也可以通过移动终端及时了解学生的学习进度、知识掌握程度，从而及时调整教学策略，真正实现"因材施教"。

（三）沉浸式学习体验

VR 和 AR 等新兴技术近年来发展迅猛，为语文教学提供了全新的沉浸式学

习体验。这种直观生动的学习体验，大大提高了学生的学习兴趣和参与度。具体到语文学科，教师可以利用VR技术，将文学经典作品构建为沉浸式虚拟场景。学生通过佩戴VR眼镜，仿佛置身于作品中描写的世界，能够近距离感受作品情节、人物形象，对于学生理解文本、培养审美能力大有裨益。比如，在学习《红楼梦》时，学生就可以"走进"贾府大观园，在虚拟场景中领略古代的建筑园林之美。在学习历史文化时，AR技术则能够将虚拟的文物展品、古迹遗址叠加在现实场景之上，让学生如同身临其境。教师可以结合课本、图片等平面媒体，通过AR技术为学生营造身临现场的浸入式体验，提高学习的直观性，激发学生的学习热情。

四、信息技术在语文教学评估中的创新应用

教育评估是教学过程中不可或缺的重要环节，科学合理的评估不仅能够全面、准确地了解学生的学习状况，还能为教师提供有价值的反馈，从而优化教学策略和教学方法。随着教育信息化的不断发展，信息技术在语文教学评估中的应用也日渐普及，大大提高了教学评估的科学性、客观性和有效性。

（一）智能化评估系统

AI在语文教学评估中的应用极大地减轻了教师的评阅工作量，提高了评估的效率。比如基于自然语言处理（NLP）技术的作文智能评阅系统，能够自动识别学生作文的语言表达、行文结构、观点论证等方面的特点，并给出较为客观的分值与评语，大大节省了教师的批改时间。语音识别技术的应用也为口语表达的评估带来了新的契机。学生只需在系统中进行朗读或自由叙述，系统就能自动记录学生的发音、语速、停顿等数据，并结合语料库进行语音质量评分，帮助教师快速掌握学生的口语水平。此外，借助各种教育大数据采集和分析工具，无论是学生的线上线下学习行为、分数考核等数据，都能自动化地实时采集和整理，为教师的阶段性评估和个性化教学指导提供依据。

（二）过程性评估与动态反馈

教育评估不应该只关注学生的最终学业成绩，更应该注重对学生学习过程的评价和指导。信息技术在这一方面为语文教学评估带来了全新的可能，使过程性评估和动态反馈成为现实。

教师可以通过各种教学平台和应用程序，实时记录和分析学生的课前准备、课堂参与、作业完成等学习全过程。比如通过学习管理系统，教师能够追踪学生

的线上学习进度、作业提交情况等，及时发现并解决问题。在智能课堂中，师生的互动数据也会被自动采集，帮助教师能够精准评估学生的课堂参与度等。基于对学生学习过程的精细化分析和评估，教师可以给予每一个学生个性化的动态反馈和指导，诊断他们在学习中存在的问题，提出改进建议，有针对性地调整教学方法。学生也能够通过及时反馈了解自身的学习状态，从而改正不足。

（三）多维度综合评估

语文作为人文社会学科，其教学目标不仅包含知识技能的传授，更要注重核心素养和能力的培养。因此，语文学科的评估需要多维度、综合性，注重对学生综合素质和能力的评价。

信息技术为多元化评估方式的实施提供了支持。一方面，基于过程性评估和动态反馈，语文评估自然融合了过程性评价和终结性评价，全面考查了学生的平时学习过程和最终考试结果。另一方面，各种在线互动工具和应用平台，为自评、互评、师评等多种评估形式的结合提供了便利。比如学生可以在线开展匿名互评，大家既可以接受他人评价，也可以对他人做出中肯的评判。教师既可以在线对学生进行评价反馈，也可以邀请其他学生或家长参与评估。

通过综合评估，学生不仅能在知识和技能方面得到评价，其创新能力、协作能力、自主学习能力、人文素养等都会被纳入评估体系，从而促进语文核心素养的有效培养。同时，多元评价的实施也增强了评估的公平性和说服力。

五、信息技术与教育创新的伦理与安全考量

信息技术为语文教育带来了前所未有的创新契机，但与此同时也给教育事业带来了新的伦理挑战和安全隐患。我们必须高度重视这些问题，采取有力措施来规避风险，确保信息技术在教育领域的健康良性发展。

（一）信息安全与隐私保护

在语文教学过程中，无论是学生的个人信息、学习行为数据，还是教师的教学资源、反馈评语等，都涉及大量隐私和知识产权内容。如何加强对这些信息的保护，确保教学平台和数据的安全性，是教育工作者必须重视的问题。相关部门需要制订完善的数据安全和隐私保护政策，加强对学生个人信息的管控，限制信息的收集使用范围。教育APP、在线教学平台等也应当采取严格的加密和安全防护措施，防止数据泄露。同时还要建立健全的隐私申诉和违规举报机制，一旦发现隐私泄露行为要及时采取补救措施。

（二）技术使用的伦理问题

语文教学过程中大量运用了 AI，如智能评阅、智能推送个性化资源等。这些技术虽然提高了教学效率，但如果使用不当，也可能带来一些伦理风险。

我们要保持对 AI 的理性认知和合理使用。不能将 AI 视为万能，过度依赖技术而忽视了教师的专业判断。比如在作文评阅时，智能评阅系统只能作为辅助工具，最终的评判权还需由教师把控。同时，在运用 AI 时，要时刻警惕可能存在的算法偏离，避免因算法的不完善而产生不公平的评判。

（三）数字鸿沟与教育公平

在推进教育信息化的进程中，我们也必须重视数字鸿沟问题，确保每一个学生无论身处何种环境，都能够平等地获取数字化教育资源。

对于一些经济欠发达的地区，教育主管部门要加大投入力度，加强校园网络建设，为学校配备先进的硬件设备，缩小与经济发达地区的差距。同时还要针对特殊群体的需求，为残疾儿童、留守儿童等提供适当的辅助和帮扶，避免他们在教育数字化进程中被进一步边缘化。

对教师而言，也要持续加大培训力度，提升他们运用信息技术开展教学的能力。让每一位教师都能熟练掌握各类数字化教学工具，制订契合学生实际的个性化教学方案，让教师与学生在技术发展的进程中共同成长，共同享受技术进步的红利。

总之，信息技术的发展为教育事业带来了新的机遇，也带来了新的挑战。我们要充分重视技术应用过程中可能出现的伦理和安全风险，在规范有序的前提下大力推进教育创新，促进信息技术与教育的深度融合，为每一个学生营造一个公平、公正、充满机会的优质教育环境。

第三节　中学语文课程教学的未来发展策略与建议

一、以立德树人作为中学语文课程教学的根本任务

立德树人是教育的根本任务，语文作为基础的人文学科，在培养学生品德修养、引导学生形成正确价值观等方面具有独特优势和重要作用。将立德树人理念贯彻于语文教学全过程，不仅是语文教学的基本要求，也是落实立德树人根本任

务的现实需要。

（一）立德树人的理论基础

立德树人作为教育的根本任务，其核心内涵是在传授知识的基础上，注重学生品行养成，促进学生全面发展，使之成为德智体美劳全面发展的社会主义建设者和接班人。立德树人体现了教育以人为本的理念，强调教育不仅要输送知识，更要传播理念，培育品德，树立正确的人生观和价值观，推进人的全面发展。

语文教育作为人文教育的重要组成部分，其立德树人理念主要体现在以下几个方面：一是通过学习语言文字知识，培养学生的思维能力、表达能力和审美素养。二是通过研读经典文学名著，陶冶学生的情操，启迪人生智慧，形成正确的价值观念。三是通过教师的言传身教，弘扬中华优秀文化，培养学生的家国情怀和民族自豪感。四是通过教学互动，培养学生的道德品质，如诚实守信、尊师重教、互帮互助等。

（二）立德树人与语文教学目标

1. 德育目标与语文学科目标的融合

中学语文教学目标可以概括为知识目标、能力目标和素质目标。其中知识目标包括语文基础知识和文学常识；能力目标包括语言表达能力、阅读鉴赏能力等；素质目标则体现全面发展的要求，包括思维品质、审美情操、人文素养等。这些教学目标与德育目标是高度契合的，语文教师理应在教学中将二者有机融合，使知识传授和价值观引领相辅相成。

2. 语文教学中的道德教育实践

语文教师在教学实践中，可以从多方面渗透德育元素，如课前课后的言传身教、课堂教学案例的选用、文本内容的解读分析、写作教学中的指导等，引导学生在语文学习中净化心灵、陶冶性情、历练品行。教师还可以借助语文教材和经典名著，阐释其蕴含的人生哲理和价值观，引发学生思考，培养学生正确的人生观和价值观。

（三）立德树人与语文课程设计

在语文课程设置和教材编排时，都要充分体现立德树人的根本要求。如在组织篇章时，要选编富有思想性和正确价值观的优秀文学作品；在设置单元模块时，要专门增设品德修养和中华优秀文化传统类的内容；在选编语文实践材料时，要选择能体现社会主义核心价值观的生活案例等。在具体的课堂教学环节中，教师要精心设计各种活动形式，将立德树人的目标落到实处。如布置以"人生价值""道德品质"为主题的探讨和习作，组织以弘扬民族精神为主线的研学实践活动，引导学生在朗读背诵经典名作时领会其思想内涵，在案例分析和情境演练时强化价值观的教育等。另外，在语文教学评价中不仅要关注学生的学习知识和应用能力，更要重视德育素养的评估考核。可以在平时的测评机制中，增设"品德修养"类评分项目；在结业阶段，采用师生互评或社会评价等方式，全面考查学生的道德修养和综合素养。同时，也要坚持以评促教的理念，将评价结果及时反馈给教与学的双方，引导学生不断完善自我。

二、坚持"以生为本"的课程理念

"以生为本"是中学语文课程理念的核心，体现了将学生放在首位、尊重学生主体地位的教育思想。这一理念倡导语文教学要立足学生的实际需求，关注学生的个体差异，发挥学生的主观能动性，促进学生的全面发展。

"以生为本"的教育理念源于20世纪初杜威等人提出的儿童中心理论。这一理论主张教育要尊重儿童的天性，从儿童的发展需求出发设计教学。20世纪80年代，随着素质教育理念的兴起，我国教育界提出了"以人为本"的新理念，将学生视为教育的主体。进入新时代，这一理念进一步发展为"以生为本"，更加注重学生的全面发展和个性化需求。

语文教学坚持"以生为本"，就要从学生的实际出发选择教材内容，关注学生的语文实际应用需求。要尊重学生的个体差异，因材施教，要注重启发式、探究式教学，发挥学生的主观能动性，要重视语文阅读与写作实践，培养学生的语文实践能力，要关注学生的全面发展，注重情操陶冶和人文素养的培养等。

语文教师要善于发现学生在语文学习动机、学习基础、认知水平等方面存在的差异，准确识别不同学生的个性化需求。针对学生的不同需求采用因材施教的方式，如对于学习动力不足的学生要多予鼓舞，多渠道激发其学习兴趣；对于思维不够活跃的学生，要注重培养其发散性思维等。面对班级中学生学习基础和学习水平程度差异较大的情况，语文教师要运用多种灵活的教学方法，满足不同层次学生的需求。例如可以借助现代教育技术实施分层教学，也可以开展小组合作探究，发挥同伴互助作用，还可以设置不同难度的分层作业，促进学生个性化发展。与此同时，教师也要运用多种教学方式开展教学，如讲授式、探究式、体验式教学并重，以激发学生的学习兴趣。

（三）学生自主学习能力的培养

语文学习不仅需要良好的课堂教学，更需要学生在课外进行主动学习。自主学习能力体现了学生的主体地位，是学生终身发展的关键能力。语文教师固然要传授语文知识与技能，但更要着眼于培养学生的自主学习和自主发展的能力。这有利于学生主动适应语文学习的需要，主动获取新知识、主动解决问题、主动拓展学习的深度和广度。

语文教师在教学中可以采取多种策略促进学生自主学习能力的培养，例如精心设置启发性、探究性的学习任务；引导学生根据自身需求制订个性化的学习计划；创设情境为学生提供真实的语文实践机会；引导学生开展合作学习，相互启发促进；培养学生利用互联网及时获取学习资源的能力；教会学生学习方法和学习策略，提高其自我调控能力等。

三、重视中学语文教材文化建设

语文教材作为语文课程内容的主要载体，不仅承载着语文学科的基础知识，更蕴含着丰富的文化内涵。重视语文教材的选编，对于学生的文化素养培养、价值观树立、审美情趣陶冶等都有着极为重要的作用。

（一）教材文化的内涵与重要性

语文教材既是语言文字知识的集中体现，也是中华优秀传统文化的重要载体。语文经典名著作品、语文实践文本、习作指导等都蕴含着丰富的思想理念、文化精神、价值追求。这些文化内涵体现了人类的精神追求，构成了语文教材文化的核心部分。

中学语文教材所承载的优秀文化内容，对于学生的成长具有深远影响。经典文学作品中所蕴含的人文精神和价值观念，可以潜移默化地影响学生的人生观和世界观；中华优秀传统文化的薪火相传，有利于增强学生的文化认同感；文本中所体现的道德品质和行为规范，可以陶冶学生高尚的思想情操。

（二）语文教材的选择与编写

语文教材的编写者应该秉持鲜明的文化导向，围绕社会主义核心价值观和中华优秀传统文化的主线，科学严格地选择富有文化滋养的内容。如经典文学名著、优秀的现当代文学作品、体现中国传统文化精神的语文实践文本等。选择标准包括内容健康向上、思想性强、艺术价值高、富有文化内涵等。

语文教材编写应该贯彻文化育人的理念，注重文化元素的贯通和渗透。课文内容和习作指导要体现优秀文化思想，注入正确的价值观引领。教材整体设计要彰显中华文化精神，如在版式设计、插图配置等方面体现中国文化符号和艺术元素。还可以专门设置中华优秀文化阅读等单元,加强文化主题的渗透。

(三)教材文化的教学实施

语文教师在教学中要高度重视对教材文化内容的阐释和解读。例如在经典名著教学时,要引导学生领悟作品所体现的人文精神和价值观念;在实践文本教学时,要突出其所承载的优秀民族文化底蕴;在诗文赏析时,要引导学生感受其中所蕴含的审美意境。教师还要注重教学方式的多样性,如讲授、探究、实践、情景再现等手段并重。

语文教师要打破课堂教学的单一模式,充分利用丰富多彩的课堂实践活动来实施文化育人。如开展经典诵读会、戏曲曲艺欣赏等,让学生在亲身体验中感受中国传统文化的独特魅力;开展研学旅行、社会实践等活动,让学生在实地考察中领会文化内涵;开展习作展评等,培养学生的文化自觉和表达能力。通过与课堂教学活动的紧密结合,文化育人才能落到实处,达到理想的教育效果。

四、坚持语文课程与信息技术的融合

在信息时代背景下,将现代信息技术与中学语文课程有机融合,是语文教育适应时代发展、提升教学质量的现实需求。

当今社会,信息技术已经深度渗透到生活的方方面面。语文教育如果仍然墨守成规、囿于传统的教与学模式,必将日渐与时代脱轨。因此,语文课程亟须与现代信息技术紧密结合,以适应时代发展的潮流和社会对人才培养的新要求。当代学生作为数字化时代的"数字土著",对于信息技术有着天然的亲和力和接受度。将信息技术融入语文课程教学,不仅能调动学生的学习积极性,更能满足其个性化的学习诉求,激发其学习动机和潜能,达到事半功倍的效果。

通过搭建数字化教学资源库,整合各类优质资源,如音视频微课、在线习题库、虚拟仿真等形式,丰富语文课程资源。教师可以灵活调配和运用这些数字资源,提高语文教学的生动性和直观性。利用现代信息技术,语文课堂可以突破传统单一模式,实现翻转课堂、混合式教学、在线课堂、智能课堂等多元化教学模式,实现个性化分层教学。学生可以借助移动终端和互联网平台自主探究、自主实践、自主合作。在语文学习评价环节,可以借助大数据等现代技术手段进行综合评价。如通过教学智能化平台自动采集学生学习过程数据进行形成性评价,利用云空间搭建学生语文作品展示和互评平台等。借助 VR、AR 等技术,为学生创设丰富生动的语文实践情境。如在 VR 中重塑名著场景,进行沉浸式阅读，在 AR 辅助下模拟口语交际实况开展情景对话训练等，大幅提升语文实践能力。

（三）信息技术融合应注意的问题

信息技术仅是服务于教学的手段和工具，过于重视技术反而容易引起教学的"物化"，要坚持以教学需求为导向来应用技术。教师的信息素养直接决定了信息技术与语文课程融合的质量。要注重培养教师的信息意识、技术应用能力、教学设计能力，使其成为信息技术与专业知识有机融合的践行者。同时，学校要完善校园网、多媒体教室等基本配套设施，为师生提供顺畅的技术支持和硬件保障。

总之，语文课程与信息技术的深度融合契合了时代发展的潮流。教师要统筹谋划，从多方面着手，充分利用信息技术的创新力，赋予语文课程新的生命活力，推动语文教学在信息时代焕发新的勃勃生机。

参考文献

[1] 张璐. 中学语文课堂教学与实践 [M]. 长春：吉林人民出版社，2019，10.

[2] 杜迤. 初中语文教学高效策略 [M]. 银川：宁夏人民教育出版社，2016.

[3] 巨瑞娟. 中学语文阅读教学探微 [M]. 银川：宁夏人民教育出版社，2016.

[4] 林丽卿. 积极教育语文课堂教学新思维 [M]. 福州：福建教育出版社，2016.

[5] 李文平，教师教育与中学语文卓越教师培养研究 [M]. 重庆：西南师范大学出版社，2016

[6] 格利·格雷戈里等著；赵丽琴译. 差异化教学 [M]. 上海：华东师范大学出版社，2015，03.

[7] 张丽. 初中语文教学质量提升策略浅析 [J]. 情感读本，2018，10.

[8] 陈振兴. 语文教学策略研究 [M]. 北京：中央民族大学出版社，2015.

[9] 陈勇，梁玉敏，杨宏. 中学语文教学论学程 [M]. 北京：科学出版社，2018.

[10] 傅惠钧. 修辞学与语文教学 [M]. 杭州：浙江大学出版社，2016，10.

[11] 洪贺廷. 语文教学的感悟、探索和实践 [M]. 北京：首都师范大学出版社，2016

[12] 高培全. 中学语文教学探析 [M]. 西安：陕西人民出版社，2005.

[13] 胡兴桥. 地域文化与中学语文教学 [M]. 北京：语文出版社，2015.

[14] 韩吉旺. 语文教学探微 [M]. 合肥：合肥工业大学出版社，2015

[15] 周艳华. 差异化教学在初中语文教学中的应用 [J]. 考试周刊，2012，36.

[16] 段昌平. 语文课堂教学操作艺术 [M]. 北京：中央编译出版社，2012.

[17] 杜永红. 语文教学设计探微 [M]. 成都：西南交通大学出版社，2015.

[18] 郝秀文. 新中国语文教学研究 [M]. 太原：山西人民出版社，2006，06.

[19] 张朝昌. 新中国 70 余年语文教学思维方式回顾与展望 [J]. 天水师范学院学报，2022，3.